JN028647

最強の

D2C

DIRECT TO CONSUMER
[消費者直接取引]

自社製品を直接売る─絶対に儲かるeコマース

物流エコノミスト、
日本大学教授(在庫・物流管理など担当)
博士(工学)(日本大学)

鈴木 邦成

ぱる出版

は じ め に

近年、ECにおけるビジネスモデルとしてD2C(デジタルD2Cとも呼ばれる。消費者直接取引：Direct-to-Consumer)に大きな注目が集まっています。

D2CはEC事業者が小売業などの中間流通業者を介さず消費者と直接取引をするというビジネスモデルです。中間流通業者を介さないことで流通マージンなどのコスト削減が可能になります。したがって、高い利益率を確保できるのです。

そこで本書ではD2Cビジネスを展開するためのステップと戦略に焦点を当てて説明します。D2Cビジネスモデルを採用し、成功させるための具体的なスキルと戦略をやさしく解説します。

本書の構成を説明すると次のようになります。

第1章「D2Cのしくみ」では**D2Cの基本的スキームや活用のメリット**などについて説明します。本書の導入の章になります。

第2章「D2C導入事例の研究」ではD2Cの成功事例を紹介し、その**ビジネスモデルの特徴と成功のポイント**を解説します。D2Cの成功の具体的なイメージを把握することができます。

第3章「D2Cビジネスの戦略」ではD2Cを成功に導く戦略について解説しています。**ブランディング、顧客体験、価格設定、商品開発**などのポイントをわかりやすく説明します。

第4章「オンラインプレゼンスの構築」では、成功するD2Cを意識した**ウェブサイトの設計**やオンラインプレゼンスを大きく左右する**インフルエンサー**

との連携などを解説します。インスタグラム、X（旧ツイッター）、YouTubeなどの活用方法に触れながら紹介します。

　第5章「D2C実践の舞台となる越境ECへの導入、展開、推進」では効果が大きい越境EC（ネット通販）ビジネスでのD2Cの活用や**海外戦略・越境ECを念頭に置いた商品開発・仕入れとウェブサイト構**築などについてわかりやすくポイントを説明します。

　第6章「顧客サービスの充実に不可欠なロジスティクス」では、D2Cに必要な**在庫管理やフルフィルメント業務の概要**。越境EC／D2Cで失敗しない配送戦略や物流倉庫の運営・活用などについてわかりやすく解説しています。

　第7章「成功を収めるためのシナリオ」では、D2C事業に参入を考えている企業経営者、起業家、スタートアップ企業幹部、新規事業部門などの方にとってわかりやすく、**成功を収めるための絶対条件や絶対必要なスタートキット、必ずやらなければならないリスクヘッジ**などを紹介します。

　第8章「これからのD2C」では**D2Cの見逃せないこれからのトレンド**について解説します。D2Cのこれからのあり方や方向性について説明します。

　本書の読者のみなさんがD2Cの大枠と基本フレームを理解し、拡大を続けるEC市場のなかでD2Cの先進的なビジネスモデルを創案し、大きな成果を上げていくようになれば、筆者にとっての望外の喜びといえるでしょう。

鈴木　邦成

c o n t e n s

第5章 **D2C実践の舞台となる越境ECへの導入、展開、推進**

効果が大きい越境ECビジネスでのD2Cの活用

絶対成功する商品開発とウェブサイト構築

第6章 **顧客サービスの充実に不可欠なロジスティクス**

第7章 **成功を収めるためのシナリオ**

成功を収めるための絶対条件

D2Cビジネスに絶対必要なスタートキット

必ずやらなければならないリスクヘッジ
製造者責任

Chapter 1

［第1章］

D2Cのしくみ

　本章では最新のビジネスモデルとして注目されるD2Cの
概要を説明します。拡大を続けるEC（ネット通販）事業のなか
でもD2Cに対する注目度は高くなっています。そこで本章で
は従来のECモデルや実店舗型のモデルとD2Cの違い、D2
Cの特徴と活用のメリットとデメリットなどを解説します。

　D2Cが高い収益性と自由度を持ち合わせていることが魅
力として浮かび上がってくるのです。

最新のビジネスモデルとして注目されるD2C

　D2C（Direct to Consumer：消費者直接取引）がネット通販（EC）の大きなトレンドとなってきました。

　D2Cとは、OEM（相手先ブランド製造）で商品開発を行い、自社サイトなどで販売するというビジネスモデルです。デジタル化の流れにあわせて、近年、急速に進化しているので、オンライン取引でのD2Cを強調する場合は「デジタルD2C」と呼ばれることもあります。

　基本的にD2Cは、OEM（相手先ブランド生産）で商品開発を行い、ダイレクトに消費者に販売していくというビジネスモデルです。商品のコンセプトさえ決まっていれば、生産は自社工場ではなく、中国などにある工場に生産を任せてしまうのです。

　このように書くと、「工場で生産するなんて果たして、うまく仕切れるだろうか」と不安に感じる人も必ず出てくるはずです。

　しかし、実際、個人で起業して月商1億円以上の規模のビジネスにしてしまうという話も珍しくありません。

　というのは、OEM生産自体がこの数年で一挙にハードルが下がってきたからです。

　ネット情報をくまなく調べれば、D2Cを始めるにあたっての生産委託ノウハウは驚くほど簡単に入手できるのです。「商品の生産委託など、やったこともないので難しそうだ」ということはありません。また、ブランド開発から生産、販売までを一気通貫で請け負うアウトソーシングサービスも出てきています。

　加えて、販売ルートのベースとなるフォロワーさえ抱えていれば、発売当初から一定の売上高を見込めることになります。

多くのD2Cでは、SNSのインフルエンサーがフォロワー対象にオリジナル商品を売り出しています。すでに保有しているSNSのコミュニティを活用してフォロワーから顧客を増やしていく手法がとられています。メルマガ、インスタグラム、FaceBook、YouTubeなどを連動させながら、ダイレクトに消費者にアプローチしていくことが可能になるのです。

　また、LTV（Life Time Value：顧客生涯価値）という概念を用いて、サブスクリプションなどを活用していくというのもD2Cの大きな特徴です。たんに一度の購入ではなく、ある顧客が一生のうちにどれくらい、その会社の商品を購入するかという見込みを立てるのです。顧客となるフォロワーなどが一度購入を決めれば、たとえば、「毎月購入」といったかたちで継続的に購入されるようになるので、販売計画も立てやすくなります。

　したがって、きちんとした商品のコンセプトができていて、消費者にその商品をダイレクトにアピールできるSNSフォロワーなどのバックグラウンドがあれば、D2Cの立ち上げはそれほど面倒なことではないのです。

　少ない初期投資で確実に需要を読み切り、タイムリーなかたちで自社ブランドの支持者に継続的に売り込んでいくことが可能になるのです。

起業後すぐに月商1億円も可能

　D2Cはホームページ、ブログ、X（旧ツイッター）、インスタグラムなどのオウンドメディアを用いて消費者に発信するので、ページビュー（閲覧数）やフォロワー数が多ければ、効率的にライトカスタマー（適切な顧客）に売り込むことができます。

　紙媒体のチラシやネットのバナー広告のように「不特定多数にアプロー

チしてそのなかにターゲット顧客層がたまたま存在すればラッキー」という
ような場当たり的な営業ではなく、その商品を必要としている消費者に必要
なときに必要なだけピンポイントで売り込むことができるのです。

したがって、「売れるかどうかわからなかったので商品を作りすぎてし
まった」「営業に莫大なカネと時間がかかってしまった」といったことは避
けられるのです。

「まず売れるかどうか需要を把握したうえでその需要のコア顧客である
オウンドメディアのフォロワーが望むタイミングで商品を供給できる」とい
うSCM（サプライチェーンマネジメント）の模範となるようなビジネスモデ
ルを展開できるのです。

またフォロワーが相手となれば、商品開発の時点でかなり正確な需要
を予測できます。「フォロワーが10万人いるのでそのうちの10％が購入す
ると考えて、1万個、発注しよう」といった感じで販売目標数を決めていけ
るのです。ちなみに仮にこの設定で1万円の商品を販売すれば、売上高は
1億円ということになります。

実際、D2Cブランド立ち上げ後まもなく、月商1億円を達成した起業家
やスタートアップ起業は珍しくありません。

このように大きな効果が期待できるD2Cビジネスですがボトルネック
（制約条件）がまったくないというわけではありません。

たとえボトルネックの一例として「はじめに商品ありき」ではなく、「はじ
めにフォロワーありき」というビジネスモデルであることがあげられます。

「フォロワーが一定数以上、存在するという条件が整っている場合には
マックスの初速で売上高を伸ばせるが、そうでなければD2Cの成功は難
しい」。このように考える人が多いといえましょう。

けれどもD2Cブランドのなかには自社SNSのフォロワーではなく、いわゆるインフルエンサーをうまく活用して、ブランド戦略を推進している企業もあります。

またアクセス数やフォロワーを増やすSNSのプロモーションやコンサルティングを請け負う企業も増えています。オウンドメディアだけに頼る必要はないのです。

さらにいえば越境EC（ネット通販）市場を意識して、D2Cブランドの海外展開を目指す流れも大きくなってきています。

「まったくデメリットがない」というビジネスモデルは存在しません。D2Cについても同様でまずはメリット（効果）とデメリット（課題）をしっかり把握したうえで、「自社にとってどのようなかたちでのD2C戦略の展開が望ましいか」ということをじっくりと考えておく必要があるわけです。

従来モデルとはここが違う！ D2C活用のメリット・デメリット

D2Cのメリットを考えるまえにまず、従来のEC基本的なビジネスモデルの特徴を考えてみましょう。

従来型のECビジネスモデルだと、ホームページからの購入を前提に訪問者を増やすため、検索エンジンの上位に表示されるようにSEO対策の充実が求められました。また、ホームページに掲載する商品についても「商品数が少なければ購入者の多様なニーズに応えられない」ということでロングテール対応型の豊富な仕庫が求められました。

また商品開発については、自社商品よりも、「マーケットで定評がる商品」をできれば割安で売りさばくというビジネスモデルでした。

自社ホームページに消費者を誘導できないような場合は、アフェリエイトや大手ネットモールに出品するというのが主たる方策でした。

　したがって、消費者との距離は大きく、しかも大手ネットモールなどをプラットフォームを経由するためにEC事業者に消費者情報はどうしても入りにくくなっていました。

　しかし、そうした旧来型のECビジネスはD2Cの登場で一変することになります。

　D2Cは即効性があり、快速で売上げを伸ばしていけるという大きな効果が期待できますが、その他にも多くのメリットを享受できます。

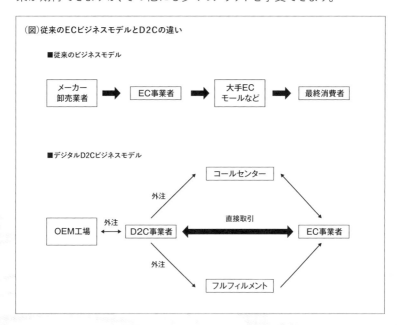

（図）従来のECビジネスモデルとD2Cの違い

■従来のビジネスモデル

メーカー卸売業者 → EC事業者 → 大手ECモールなど → 最終消費者

■デジタルD2Cビジネスモデル

コールセンター

外注

OEM工場 ←外注→ D2C事業者 ←直接取引→ EC事業者

外注

フルフィルメント

　まず、売上げだけではなく、それに伴う利益、つまり儲けの利ザヤも大きくなるのです。

　「売上高は一挙に伸びるけれども、それはマーケットシェアを拡大するた

めに薄利多売に徹したからだ」というのが従来型のビジネスモデルでした。しかし、中間流通業者や小売店舗に頼ることなく、直販で商品を売り込むことができるD2Cの場合、流通コストを大幅に省くことができるのです。

　加えて、消費者とダイレクトに接することができるので、顧客情報や消費性向もしっかりと掌握することができます。

　不特定多数を相手にした小売の実店舗や大手プラットフォーマーの大型ネットモールなどに出品した場合、購入者の消費性向や関連商品などのビジネストレンドが見えにくくなることが少なくありません。

　しかし、D2Cの場合、消費者と直接、コミュニケーションをとっていくことになるので、「この商品、使いやすかったので、今度は関連の商品がほしい」「この点を改善したらもっとよい商品になると思う」といった消費者の実際の声をリアルタイムで把握することが可能になるのです。

　もちろん、新商品の発売などにあたっても、事前に形状や関連商品のラインアップなどを消費者のニーズや志向にすり合わせることができます。顧客となる消費者の顔が見え、声がよく届くのがD2Cの大きな特徴ともなっているのです。

　他方、デメリットとしては、自社ブランドのイメージ構築、浸透にある程度、時間がかかるということです。売れ筋商品をそのまま売っても、差別化は図れないのでD2Cの強みを十分に発揮できません。また「珍しい商品をどこかから探してくる」といっても、売れるかどうかわからない段階で大量仕入れを行うことはリスクが大きくなります。加えて自社開発の商品でなければ、消費者への訴求力も弱くなってしまうのです。

　したがって、「どのような商品をどのような目的でどのような顧客に売っていくか」というイメージをしっかりと作り上げていく必要があります。ブラ

ンディングやフォロワーへの的確なアピールが求められるのです。

「こんな感じの商品ならば、売れるかもしれないからやってみよう」という

くらいの軽い気持ちならば失敗する可能性が高いともいえるでしょう。自分

の独りよがりが強い商品となっても、フォロワーなどの支持は得られません。

消費者の声をダイレクトにくみ取りながら、「どのような商品が求められてい

るのか」という問いの答えを把握していく努力が求められるのです。

　したがって、そうした発想やコンセプトに行き着くまでにそれ相当の時

間がかかることになるのです。

　また、開発から生産、物流、販売にいたるサプライチェーンの枠組みをき

ちんと理解しておく必要もあります。生産や物流、あるいはコールセンター

などの業務はそれぞれアウトソーシングすることができます。しかし、個々

の部門の役割を理解していても、「それがサプライチェーンのプロセスの

なかでどのような意味を持つのか」ということをきちんと理解していなけ

（図）D2CのSWOT分析

	プラス要因	マイナス要因
内部要因	**強み（Strength）** ○即効性があり売上げを一挙に伸ばすことが可能 ○売上げだけではなく高い利益率を達成することが可能 ○消費者にダイレクトに販売できるので中間マージンが必要ない	**弱み（Weakness）** ○自社ブランドの浸透に投資が必要、時間もかかる ○商品コンセプト、イメージ作りに工夫が必要になる ○顧客管理（CRM）の時間とコストがかかる
外部要因	**機会（Opportunities）** ○SNSを媒体として、販売する ○インフルエンサーなどの紹介で売上促進を図れる	**脅威（Threats）** ○ネガティブな口コミ、レビューなどの影響を受ける ○類似商品、後発商品が相次いで発売され、マーケットシェアが落ち、差別化が難しくなる可能性がある

れば、商品供給までのリードタイムが長くなってしまったり、在庫が膨大な量に膨れ上がってしまったりするリスクも出てきます。

　なお、D2Cの強み、弱み、機会、脅威をSWOT分析にまとめると図のようになります。

高い収益率を上げるためには不可欠なサブスクの導入

　D2Cにかかる初期費用ですが、企業内ベンチャーなど、資金のある企業がブランド開発、ホームページ構築、インフルエンサーへの告知の徹底グなどから生産、物流、コールセンターまで完全アウトソーシングする場合、1000〜3000万円程度は必要になってくると思われます。

　しかし、ある程度、内製化することでコストを抑えていくことが可能になります。個人で起業する場合、すべてを外部委託せずにこなしていくのならば、100〜300万円ほどの初期投資があればD2Cのビジネスフレームを構築、実践していくことは不可能ではありません。

　さらにいえば、D2Cビジネスが軌道に乗れば、高い収益力をバックに事業インフラを強化していくことが可能です。

　ささに説明したようにOEM生産を行い、顧客に直販していくならば、中間マージンを省くことができます。

　しかし、中間流通コストは売上高の10％程度、生産コストや物流コストは負担しなければなりません。

　中間流通コストはかからないものの、SNSなどを用いて広告・宣伝を充実させる必要があるのです。

　たとえば、ファウンデーションやシャンプーなどのD2Cビジネスならば、

店舗販売にかかるコストはかからないものの、商品それ自体にオリジナリティが求められるのに加えて外装や容器のデザインなどにも工夫を凝らす必要もあります。

インフルエンサーへのギフティング（見本贈呈）なども行わなければなりません。ギフティングとは関連する有力インフルエンサーなどに無料で見本商品を贈呈して「よろしければインスタグラムやFaceBookで紹介してください」と依頼する行為です。自社発のSNSだけで発信力がなければそうしたインフルエンサーに頼らざるをえないわけです。インフルエンサーの紹介ビジネスなども活用できますが、それに関わるコストも発生します。

また、後述しますが、物流コストも軽視できません。在庫が溜れば、倉庫が必要になります。倉庫整理をしっかりやらなければ、負担はますます増えることになります。

以上を踏まえると、原価率は30％程度に抑える必要があり、50％を超えるようならば、初期投資やランニングコストをなかなか回収できないということになります。したがって、D2Cのしくみを十分に理解せず、表面的なスキームを見よう見まねでマネするだけでは高収益は期待できないのです。しかし、高い収益性を享受しているD2C企業も多くあります。

それではどうすれば高収益を得られるのかというと、それらの企業の共通点はサブスクリプション（サブスク：定期購入）の効果的な活用にあります。成功しているD2C企業の多くはリピーターを確保することで、高い収益率を実現しているのです。

したがって、逆算して考えると、「繰り返し定期的に使える魅力的な商品がD2Cに向いている」ということになります。

サブスクの活用には原価率とLTVの把握が不可欠

　D2Cは初期投資が小さいといっても、バナーやギフティングなどの広告・宣伝にかなりのコストをかけていくことになります。

　そのときのカギとなるのがサブスクとLTVです。

　まず、サブスクですが、たとえば、ボディソープのD2Cの場合、「1回きりの購入か毎月の定期購入か」で広告費の掛け方は大きく異なってきます。

　1回きりの購入で2千円のシャンプーが売れた場合について、原価率を30％、生産コストや物流コストなどの諸経費に50％くらいかかるとすると、利益率は20％で儲けは400円ほどです。そして広告費はこの利益を削るかたちで絞り出していかなければなりません。

　しかし、サブスクを使えるとなると話は違ってきます。

　「2千円のシャンプーを年間購入する」というのならば、毎月詰め替え用などを買い足していくかたちならば、年間2万4千円の売上高をベースに広告費を捻出できます。400円の儲けではなく、4千800円の儲けをベースに広告費を考えればよいのです。さらにいえばこれにLTVの考え方組み込んでいきます。LTVは「ある顧客が一生かけてどれくらいその商品を購入するか」ということを数値化した指標です。

　「A顧客は一生に100万円使う」「B顧客は200万円使う」というようにLTVをはじき出すことで、「どの顧客を優先的にケアすればよいのか」といったことも自ずと見えてくるのです。

　そしてD2Cブランドにはサブスクで購入し、LTVが伸びやすくなる業態特性があるのです。

　D2Cの初期ブランドはSNSからの発信でファンとなるフォロワーが増えたことを受けて、ブランドを立ち上げてきたという経緯があります。フォロ

ワーを中心としたファンの強い支持が商品の開発、発売を支えてきました。

　したがって、商品の機能に魅力を感じるというよりも、SNS発信者としてのD2Cの起業家やインフルエンサーを応援する気持ちや共感するという思いから購入していく人たちが非常に多いのが特徴となりました。つまり購入者は消費者であると同時にSNS発信者の強力な支持者でもあるのです。D2Cブランドに対して親しみと信頼を感じているのです。そしてそうした消費者が商品を購入する場合、それが消耗品であるならば、使い切った時期にためらうことなく、再購入、すなわちサブスク利用ということになりやすいのです。

　人気ミュージシャンの固定ファンが定期的にコンサートに通ったり、Jリーグのサポーターが応援している試合に足しげく出かけていったりするのとも似ています。

　そして、直近のより洗練されてきたD2Cブランドでは、そのプロセスを戦略的に展開していくのです。ブランド開発にあわせてSNSを立ち上げて、フォロワーを集めつつ、共同でブランドを開発していくという手法が用いられることになるのです。

将来性が十分期待できるデジタルD2C市場の拡大

　これまで説明してきたように、D2CはEC市場の中核的ビジネスとして大きな注目を集めています。米国の大手市場調査会社のイーマーケターの調査では米国のD2Cの市場は約18兆円規模、日本市場も2025年には3兆円規模を超えるといわれています。ただし、米国のD2Cは日本型とはマーケット成長のロジックがかなり異なります。

米国ではコロナ禍をきっかけにリアル店舗が大打撃を受けることになりました。百貨店やショッピングモールなどが相次いで、倒産、閉店しました。たとえばニューヨークにある米国最古のチーズ専門店「アレバ・デイリー」も長い歴史を閉ざしましたし、大手チェーンストアも相次いで店舗閉鎖に追い込まれました。家庭家具チェーン最大手だった「ベッドバス＆ビヨンド」、アパレルチェーン「フットロッカー」、さらにはウォルマートも大幅な店舗閉鎖となりました。1980年代に2500存在したショッピングモールは2030年には150程度にまで減少すると予測されています。中小規模の小売店も数万店が閉鎖するといわれています。

　すなわち、米国の小売業の生き残る道がECビジネス市場に絞られているというわけです。そしてECのなかでも、事業参入のハードルが比較的、低くて、収益率の高いD2Cに一挙に傾いているのです。

　米国のD2Cの大きな特徴は生まれたときにはネット社会が出来上がっていた「デジタルネイティブ」が消費のけん引力になっているということです。

　米国でもSNSのフォロワーがD2Cの商品の売れ行きに大きな影響を及ぼします。しかし、それ以上に米国の若者全般いえる傾向として、「デジタル時代以前の旧タイプのブランドはそもそも興味がない」ということです。またアパレルなどでは3Dで作ったデジタル時代の申し子のような商品に支持が集まっています。

　たとえば米国のスタートアップ企業「アウェイ」はミレニアル世代をターゲットにしたスマートスーツケースを2年で50万個の販売を達成しました。インスタグラムのスーツケースブランドとしてのフォロワーが世界最大になるなど、おしゃれなデザインが高い評価を受けました。また、スマホの充電器バッテリーをスーツケースに内蔵させるなど、これまでにはなかっ

た工夫も打ち出しました。

　アウェイのブランド戦略成功の大きな要因は「自社のスーツケースの世界観がミレニアル世代の消費者の強い支持を受けた」ということです。インスタグラムで多くの画像を効果的にアップしていく流れのなかで、ミレニアル世代が大きな共感を覚えて商品の購入に動いたのでした。「リーズナブルな値段で高品質、高機能と優れたデザイン性を持ち合わせていつ」と多くの消費者が感じることになったわけです。

　「D2C市場が拡大するとかしないとか議論するまえに、もはや米国ではリアル店舗市場が崩壊状態にあり、実店舗ファーストで出店する新しい小売業はもはや考えられない。しかし、世の中から小売業という業態がなくなることは考えられないわけで、そうなると、リアル店舗からEC店舗へのシフトが加速していくことになる。ただし、単純なECではアマゾンなどの巨大ECモールなどの傘下に組み込まれることになってします。スタートアップ企業がデジタル環境のもとで売上高を伸ばしていくにはD2Cが唯一の選択肢でもある」（米国小売業に詳しい関係者）。

　そしてそうした米国の消費者トレンドと小売業のD2C戦略は、今後、日本でも広がっていくことになる可能性が高いのです。これからは日本でも百貨店やスーパー、専門店、量販店、ショッピングモールなどに関わる大きなマーケットシュリンク（市場縮小）が発生することになります。

　百貨店やショッピングモールが力を失えば、小売店舗の経営者や小売店相手に商品を卸していたメーカーなどの流通チャネルはなくなります。

　そこでメーカーも小売店舗も消費者と直接取引することでビジネス環境を整えていく必要があるのです。

　その最有力な選択肢がD2Cというわけです。

もちろん、D2Cも黎明期を脱して、次の段階に入ろうとしています。これまでのような単純なビジネスモデルではこれからは大きな成功は勝ち取れないことでしょう。

　したがって、これまでのD2Cをデジタルシフトの大きな流れに乗せながら、進化させていく必要があるのです。

Chapter 2

[第2章]

D2C導入事例の研究

　本章ではD2C導入事例として、アパレル・化粧品、食品、サプリ、高級家電、越境ECなどのビジネスモデルを紹介します。EC事業者と消費者が直接取引を行うことでカスタマイズされた商品が提供されることになります。SNSを活用することで消費者を直接、自社サイトにアクセスさせていくことになります。

親和性の高いアパレル・化粧品での導入

D2Cの老舗ブランド「グロッシアー」のビジネス展開

　米国のD2C化粧品ブランド「グロッシアー」はシンプルなパッケージで実生活から得たインスピレーションを商品化しています。米国のD2Cコスメのトップブランドの一つとして知られています。

　D2Cとしては老舗となる同社は設立者のエミリー・ワイスが始めた美容ブログがきっかけになりました。美容に興味のある人たちからのアクセスが増えて、ブログはたいへんな人気になりました。

　このブログには「バスルーム・インタビュー」というシリーズがあり、ワイスが雑誌「ヴォーグ」などでコネクションができた女優、ファッションモデルなどのセレブのバスルームを訪問してそのコスメなどを紹介するという内容でした。これがインスタグラムなどで拡散されて、ファン層が拡大することになりました。

　そうなると、セレブやSNSのフォロワーから商品に関する要望やアイデアが寄せられてくるようになりました。

　そしてブランドイメージもその流れのなかで確立され、2013年にコスメブランドを立ち上げることになったのでした。コミュニティのなかでブランドイメージや商品コンセプトが出来上がっていったことから販売促進をとくに行うことはせずに、ブログ、メルマガ、インスタグラムなどのデジタルメディアで商品情報は双方向性を保ちつつ、発信されることになりました。

　ただし、完全にデジタルだけというわけではなく、リアル店舗も出店しました。これはオンラインで購入した商品を店舗で受け取ることができるようにするためです。

また新商品や定番商品はショールーム機能のある店舗で販売されました。多くの店舗はショールーミングと呼ばれる「リアル店舗で商品をチェックして購入はオンラインで行う」という形式をとっています。

　ちなみに米国のデジタル時代の中心となるミレニアル世代は環境に対する意識も高く、「大量生産大量販売の既存の小売形態」に批判的な傾向があります。グロッシアーの提供するコスメは「必要なときに必要な量のみを購入できる」という環境にもやさしいサプライチェーンを組みました。

　さらにいえば、自分でブログなどを検索で見つけ出し、関連のインスタグラムなどをシェアしたり、コメントしたりすることで商品に親しみを持ち、使った感想を投稿したり、「いいね」をつけたりすることで、長期にわたる

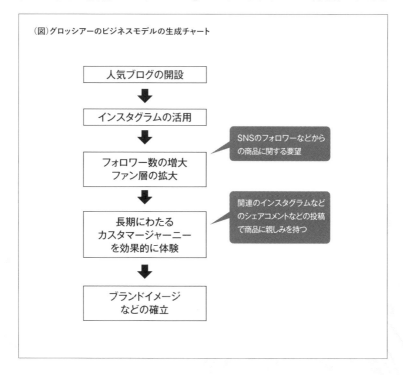

（図）グロッシアーのビジネスモデルの生成チャート

人気ブログの開設

↓

インスタグラムの活用

↓

フォロワー数の増大
ファン層の拡大

　SNSのフォロワーなどからの商品に関する要望

↓

長期にわたる
カスタマージャーニー
を効果的に体験

　関連のインスタグラムなどのシェアコメントなどの投稿て商品に親しみを持つ

↓

ブランドイメージ
などの確立

カスタマージャーニーを体験できるのです。

　グロッシアーはD2Cの初期の代表的な事例といえるでしょう。そしてSNSやDX（デジタルトランスフォーメーション）の急速な発達を追い風として、以後、D2Cマーケットは拡大の一途を図っていくことになるのです。実際、化粧品はD2Cとの相性がよく、日本でも多くのD2Cのスタートアップ企業が化粧品の直販を手掛けて、成功してきました。これまでは大衆消費を前提に大量生産されていた化粧品ですが、消費者の多様なニーズに柔軟に対応することで新しい可能性が開けてきたわけです。

個人の志向に対応し、新たな市場創出を行ったアパレルのD2C

　アパレルでもD2Cは広まっています。米国の「カッツ・クロージング」はTシャツを専門に扱うD2Cブランドです。男性向けのプレミアムTシャツ市場に焦点を当てています。

　着心地を工夫して綿とポリエステルの混紡で形状安定で着崩れしにくくなっています。また特徴的なのは「カット」という独自のスタイルオプションを提供し、袖やネックの形状や色を購入者が選択できるようになっていることです。カジュアルな時間だけでなくビジネスの際にも着られるように意識したシンプルなデザインとなっています。

　もちろん他のB2Cブランドと同じようにSBSとそのフォロワー、インフルエンサーを活用してコミュニティを拡大しています。

　コロナ禍でスーツだけではなくTシャツなどを着こなしてビジネスシーンに臨む機会が増えた20代、30代の若手オフィスワーカーの人気を博しています。それまでのTシャツはカジュアルな雰囲気でアウトドアでジーン

ズなどと合わせて着こなされるケースが多かったですが、カッツ・クロージングがSNSなどの支持を背景に都市型のTシャツともいえるでしょう。スーツと合わせてオフィスで着たり、そのままアフターファイブのカジュアルな機会でも着用したりできる柔軟性を持ち合わせていることが人気となりました。

　日本のアパレル業界でもスタートアップ企業のなかでD2Cビジネスモデルで注目を集めている企業がいくつもあります。

　メンズブランドではFABRIC TOKYOは代表的なD2C企業の一つです。同社は受注生産でOEM工場と契約し、オーダーメードスーツを提供しています。「Fit Your Life」をブランドコンセプトとしています。

　当初はリアル店舗のみで展開していましたが、2014年からECに乗り出しました。クラウドファンディングを活用し、ネット経由のオーダースーツ販売を始めました。まずは店舗でサイズを登録し、そのうえで生地、デザインなどを着用シーンにあわせて選択していきます。同社によると組み合わせは100万通り以上あるとのことです。

　もちろん、生地もデザインもスマホから選べます。注文後、一定の期間内ならば作り直しにも無料で対応しています。

　レディースブランドでもD2Cは勢いをつけています。

　たとえば、Kay Meは自宅で洗えるワンピースなどを扱っています。挑戦する女性を応援するというコンセプトでブランドを構築しています。

　日米のアパレルのD2C企業の多くの特徴としては、創業者、あるいは社長が前面に出て、会社やブランドのイメージを作り上げているということです。「こだわりを持った服」「働くビジネスパーソンなど特定層のユーザーを支援するファッション」といった内容で、「これまで、既存のリアル店

舗では販売していなかった」「ブランドと顧客のコミュニケーションがしっかりとれていることが強みとなっている」というケースが多いようです。

こだわりのある食の魅力を増幅

　食品業界でもD2Cがマーケットを拡大しています。米国のスタートアップ起業の「ハングリールート」は顧客の好みに合わせた食品とそのレシピをAIで最適化して配達しています。

　食の好み、糖質などの制限、アレルギー情報などを考慮して、個々のニーズと要望に合わせた商品を提供するのです。サブスクを導入することで週1回の定期配送で顧客は健康的な食生活を送ることができるのです。

　また、「マジックスプーン」は、栄養価の高い成分を使用した健康志向のシリアルを提供しているD2C企業です。高たんぱく、低炭水化物、グレインフリー（穀物不使用）、低糖質で遺伝子組み換え食材を使っていないシリアル商品を販売しました。

　ハングリールートと同じようにサブスクで定期配送で顧客に商品を届けます。またパッケージも洗練されたデザインでインスタグラムに画像をアップすることで健康とフィットネスに関心のある若者世代の支持を集めています。近年は卸売業へも進出しています。

　日本でも、食品宅配型のD2C企業は増加傾向にあります。

　たとえば、BASE FOODは多忙な人でも必要な栄養素をきちんと摂取できるというコンセプトのD2Cです。栄養バランスを考えた「ベース食品」を設計しているのが大きな特徴です。ベースパスタ、ベースブレッド、ベースビスケットなど、栄養バランスに配慮した商品を扱っています。

さらに近年は大企業も子会社などを設立してD2Cビジネスに参入しています。丸井グループは、子会社「D2C&Co.」を設立し、チョコレート「Minimal」の販売のD2Cを行っているβaceにも出資しています。ちなみに丸井グループはFABRIC TOKYOなどの多くのD2C企業にも投資しています。

　βaceは世界中のカカオ農園から良質なカカオ豆を仕入れて自社工房で手仕事で製造、販売しています。コロナ禍の影響を受けての実店舗での売り上げ減を受けて、オンラインへの切り替えに舵を取りました。Minimalという名前が示すようにシンプルでムダのないデザインやライフスタイルを目指す人たちをターゲット顧客としています。

　ロッテもコロナ禍を機にD2C事業に乗り出し、洋酒入りチョコレート「YOITO」のEC販売を行っています。洋酒チョコレートは夏季には品質管理の場合、店頭販売の難易度が上がることと洋酒とチョコレートのマッチングにこだわりが多い顧客が多いことに配慮してブランド化されました。

　チョコレートなどのお菓子の場合、嗜好品でもあることから、定期的な購入よりも誕生日やバレンタインデーなどの記念日に購入者が増える傾向があるのでサブスクとの相性が必ずしもよいとはいえません。しかし実店舗では難しい品質管理などをしっかりフォローしたうえで個配に対応できるというメリットに大手企業も魅力を感じているといえましょう。

顧客個人の栄養管理を重視したD2C型健康食品・サプリ

　食品との境界線が低いD2C商品にサプリメント（サプリ）があります。なおサプリをD2C展開をする場合、薬機法（旧薬事法）と景品表示法に注意しなければなりません。サプリなどについて、医薬品のような効果を訴

求する宣伝表現などは薬機法に抵触する可能性が出てきます。

　米国の代表的なサプリのD2Cにリチュアルがあります。D2Cの多くの創業者に違わず、リチュアルの創業者にも動機となる強烈な体験がありました。

　創業者のカテリーナ・シュナイダーは妊娠中に母体の安全を考えながらビタミンサプリを探していました。しかし、多くの商品に不必要な添加物や成分表示によくわからない部分があるなど、不信感を抱かざるを得なくなりました。「なんとか理想のサプリを作り、消費者に提供したい」と彼女は考えるようになりました。そして、女性の栄養補給に焦点を当てた商品を開発しようと考えるようになったのです。

　同社はサプライチェーンの一連のプロセスで用いられる原材料を公開し、購入者が「どのような成分をどのような目的でどれくらい用いているのか」ということを明確化して、年齢やライフステージに応じて最適化していきました。

　もちろん、過剰に添加物を入れたり、よくわからない成分を加えたりすることがないようにしました。

　また、サプリを入れるカプセルは透明でどのような成分が入っているかを視覚的に確認できるようにしました。そして、サブスクを採用して、毎月、顧客宅に商品を届けて、定期的な栄養補給サービスを展開しています。

　もちろん、SNSのコミュニティを介して、消費者の感想やコメントを常にピックアップしています。

　他方、日本のD2Cのサプリブランド「ビタノート」は科学的根拠に基づき、顧客に最適化された栄養改善を提案しています。顧客ごとに「ミリグラム単位」で栄養を配合する独自技術があります。

　栄養検査キットで、ビタミン8種類、ミネラル9種類、タンパク質などの合計19項目を尿から測定します。自宅で採尿して郵送することで高精度の検

査結果を知ることができます。

　そのうえで検査結果をベースにプロテインや栄養食をサブスク購入します。検査を定期的に行うことでパーソナライズされたサプリの成分や分量をアップデートすることができます。

　サプリとD2Cとの親和性は相当に高いと思われます。しかし、日本には薬機法があるように各国でその規制が異なることがグローバルマーケットの構築の障壁にもなっています。また、比較的、手軽に市場参入できることから、日本市場もすでに飽和状態に達しつつあります。

　それゆえあえて新規参入を目指すならば、科学的根拠や裏付けをしっかり持ち合わせて、顧客との信頼関係をSNSなどをフル活用しながら構築して努力が求められることになります。

今後の伸びが期待される高級家電ブランドのD2C戦略

　日本の家電メーカーはこれまで家電量販店での販売が主たる流通チャネルとなっていました。しかし、コロナ禍に際して、家電量販店で購入するよりもECを介して家電を購入する傾向が強まりました。たとえばヨドバシカメラやヤマダ電機などが大型物流センターを設けてEC事業を強化してきました。また、アマゾンや楽天市場で家電を購入する消費者も増えました。

　けれども実店舗からECプラットフォームへの出店に切り替えるのは、ブランド力の強い一部の高級家電にとっては、プラスになりません。むしろ、自社サイトでの直販を強化することで流通コストの削減を図るのが得策と考える企業が出てきているのです。

　たとえば、バルミューダは家電量販店の実店舗やオンライン販売に加え

て、D2Cを新しい流通チャネルに加えました。

　バルミューダは商品デザインに重きを置くことでブランドロイヤルティを獲得してきました。高級志向で品質にもデザインにもこだわりを持つ顧客層は同社のブランドイメージに強く共感しています。商品のバックにあるストーリーや開発コンセプトを伝えることで、消費者に深くブランドを理解してもらえるのです。いわば、D2Cへの移行を進めやすいバックグラウンドを持ち合わせているといえましょう。

　ダイソンもD2Cシフトを加速させています。実店舗も持ち合わせていますが、ECチャネルにより直販体制を強化しています。

　さらにSNS、動画広告などを積極的に展開し、オンラインでの顧客との双方向性の高い接点を増やしています。

　また、公式オンラインストアのみで独占的に販売される特別バージョンの商品や期間限定フェアなども打ち出しています。

　バルミューダやダイソンのようなブランド力の強い家電にとって、家電量販店が実店舗で安売りするのはブランドイメージに大きなダメージを与えるリスクもありました。けれどもD2Cで直販に切り替えれば、小売業に価格決定権を握られることなく、自社のポジショニングを優位に保ちつつ、価格戦略を展開できます。家電がようやく安売りの土俵から下りる条件が揃ってきたともいえます。

　この他にもドイツの高級家電メーカーで、洗濯機や食器洗い機、キッチンアプライアンスで知られるミューレも顧客体験を重視したブランドショップやショールームを展開しつつも自社直販に力を入れています。

　さらにいえばフランス発祥の家電メーカーで、フライパンや調理器具、多機能キッチンアプライアンスなどを展開しているティファールやオースト

ラリアの家電ブランドで、エスプレッソマシンやブレンダー、トースターなどのキッチン家電などに定評があるオーストラリアのブレビルなどもD2Cシフトを強めています。

　高級家電は商品のデザイン美などを前面に打ち出して、インスタグラムなどでビジュアルストーリーを充実させたり、インフルエンサーとのコラボレーションなどを打ち出したりしていくことになります。

越境ECとの抜群の相性

　D2Cと越境ECを組み合わせたビジネスモデルも注目されています。円安などの影響もあり、日本国内市場だけではなく、海外の消費者を取り組むことで売上高を大きく伸ばすことが可能になるというわけです。

　越境ECの基本的なフレークワークならば、海外のネットモールなどに出店、展開していくことになりますが、D2Cならば、インスタグラムやX（ツイッター）を使いこなせば、ダイレクトに顧客を獲得することができる。ただし、発送が海外向けということになると販売量が増えてくると物流企業に外部委託するほうが効率的なケースが増えてきます。その点を見込んで「越境ECにD2Cを組み込んだビジネスモデルの物流ソリューションを提案する企業が増えています。

　たとえば、オープンロジは越境ECの物流支援サービスを行っています。世界120か国の配送サービスを提供し、EC企業のロジスティクスを支えています。ヤマト運輸、佐川急便、日本郵便なども越境EC支援サービスに力を入れています。国際輸送、通関、フルフィルメントについて配送サービスや在庫拠点の提供を行っています。

すなわち、越境ECを円滑に導入する物流インフラは十分に整っているといえるでしょう。

　したがって、越境ECにいかにD2Cというビジネスモデルを重ねていけるかが大きなポイントとなってきます。ちなみにオープンロジなどは海外向けのSNS運用などの外部パートナー企業の紹介も行っています。

　D2CではSNSによるコミュニティの増強やそのフォロワーを中心とするファンの声を反映していくことが重要になります。

　D2Cとはとくにインスタグラムとの相性がよいといわれています。というのはインスタグラムは言葉よりも画像が中心で、商品画像を検索して見ることで自分のほしい商品の世界観を探し出せるからです。言い換えれば、UGC（ユーザー生成コンテンツ）に海外の消費者が惹きつけられる可能性が高いからです。

　UGCとは、SNSフォロワーなどが投稿する画像、動画、コメントなどで自律的に生成されたコンテンツです。そのコンテンツは企業側の意図とは異なることも多いですが、ファン層がイメージするそのブランドの世界観が反映されることになります。そしてその世界観にファンだけでなく、ブランド側も大きな影響を受けることもあります。たとえば、裏原宿系ブランド「A BATHING　APE」は、インスタグラムで米国のフォロワーが500万人を超えています。世界的なファッションデザイナーに成長したNIGOが退任したあとも、裏原宿的な世界観をUGCにより自律的に生成、維持、拡大し続けています。そして近年は海外からの支持も広がり、越境ECにも力を入れています。インスタグラムではショッピング機能を活用して、投稿からネットショップでの商品購入も可能になっています。

　越境EC戦略としてD2Cに対応した食品を海外向けに販売することも

可能です。ただし、海外に食品を輸出する場合、国内よりも供給リードタイムが長くなるために、どうしても食品の条件に制約が発生します。

　越境ECで食品を扱うには、アパレルなどとは異なり、食品には温度管理や鮮度管理が必要な商品が少なくありません。まずはこのハードルをクリアする必要があります。また、温度管理が不要な常温での保管が可能な食品でも賞味期限が短ければ、海外への輸出が不向きということになります。また、イスラム国には豚由来の食品は輸出できません。

　したがって、常温管理ができて、賞味期限が長い商品を取り扱うということが食品の越境ECを有利に展開させるうえでの必須条件となります。こうした条件を満たす企業の一つにTokyoTreatがあります。同社は日本のお菓子詰め合わせボックスをサブスクで世界各国の顧客に出荷しています。

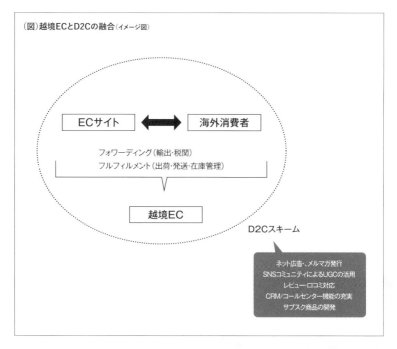

（図）越境ECとD2Cの融合（イメージ図）

ECサイト　⇔　海外消費者

フォワーディング（輸出・税関）
フルフィルメント（出荷・発送・在庫管理）

越境EC

D2Cスキーム

ネット広告・、メルマガ発行
SNSコミュニティによるUGCの活用
レビュー・口コミ対応
CRM/コールセンター機能の充実
サブスク商品の開発

当初は月間30〜50個程度でしたが、「創業6年で売上40億円」を実現しました。同社は日本のお菓子詰め合わせボックスをサブスクで世界各国の顧客に出荷しています。当初は月間30〜50個程度でしたが、「創業6年で売上40億円」を実現しました。その結果、サブスクの解約率も低く、外国人顧客の高い満足感を得ています。

　円安で為替差益が大きくなっていることと、日本製品の高い信頼性と人気に加え、D2Cにより展開される日本式の丁寧な顧客ケアも支持されているわけです。日本の和菓子などの魅力を詰め合わせやパッケージの内製化を行うことでD2Cブランドとして確立したわけです。

インフルエンサーマーケティングで拡大するD2C市場

　繰り返しになりますが、D2CにはSNSのコミュニティが不可欠です。そしてそのコミュニティを有効活用するにはインフルエンサーと良好な関係を築く必要があります。実際、さまざまなこだわりを持った消費者に関心を持ってもらうためにはインフルエンサーとの連携が大きなメリットとなります。

　インフルエンサーを活用するメリットは、通常の企業発信型広告などに比べて、自然な感じで消費者の目に入ってくるということがあげられます。「商品を押し付けられている」という印象を受けないために、消費者は共感しやすくなります。

　さらにいえばインフルエンサーの情報をそのフォロワーが二次的に発信、拡散することが期待できます。広告戦略にインフルエンサーを導入するメリットは、商品の販促効果だけではありません。インフルエンサーへの依頼は無料ではありませんが、それでもテレビや新聞などのオールドメ

ディアよりも大幅にコストを削減することが可能になります。

　また、ネット上に氾濫するバナー広告に比べて、消費者は安心感を抱きやすくなります。「よく知っているインフルエンサーがさりげなく宣伝しているから信ぴょう性も高い」ということになります。消費者は自分の所属するコミュニティを足場にして、「いいね」「コメント」「リツイート」などを重ねていきます・そしてそれが顧客体験の充実にもつながっていくのです。

　たとえば、アパレルブランド「RANDEBOO（ランデブー）」はシンプルで上質な商品を展開しています。インスタグラムを中心にファンを増やしていきました。韓国アパレルの買い付けからスタートし、いまはオリジナルの商品ラインアップを展開するようになりました。創業者自らがインフルエン

（図）D2Cにおけるインフルエンサーの活用手法

手　法	解　説
スポンサーシップ	企業がインフルエンサーに資金や製品を提供し、その代わりに特定のコンテンツやイベントで企業や製品を宣伝してもらう。製品の信頼性が向上。
コラボレーション	インフルエンサーと共同でプロモーションなどを行う。インフルエンサーのファン層に対して直接的な訴求効果がある。
コンテンツ作成	インフルエンサーが企業の製品やサービスに関連するブログ記事、SNS投稿などを作成。
アフェリエイト・パートナーシップ	インフルエンサーが特定の製品やサービスを宣伝し、そのリンク経由で購入があった場合に報酬が支払われる。
ブランドアンバサダー	長期間にわたり特定のインフルエンサーが企業の製品やサービスを継続的に広報を行う。
ソーシャルメディアテイクオーバー	一定期間、企業のソーシャルメディアアカウントをインフルエンサーに管理させる手法。
ギフティング	インフルエンサーに商品提供を行い、SNSで取り上げてもらう。自然な感じで商品イメージを広く浸透できる。

サーとして注目を集めて、SNSを通じて消費者のニーズを反映させた商品開発を行っています。また頭皮ケアブランドのスカルプDもD2Cを採用しています。そしてインフルエンサーについては美容関連で人気の助成インフルエンサーを起用しています。「清潔感がある男性は女性から支持を受ける」というメッセージが発信されているのです。

進むREコマースとの融合

　近年のEC市場で目につくのはREコマースの発達です。REコマースとは、ECのなかでもとくにフリマなどのような中古品の売買を行うビジネスモデルを指します。中古商品の買取、再販のみならずレンタルも含まれます。

　しかも、REコマース市場には大手企業も注目度を高めています。たとえばハイブランドのグッチなどは自社商品の買取・再販という循環型システムの構築を進めています。

　ただし、REコマースでは商品の再利用となるので、D2Cの厳密な概念には当てはまりません。しかし、OEM生産の代わりにD2C企業が消費者から使用済み商品を回収して、販売ネットワークに組み込めるということを考えると、限りなくD2Cに近い考え方といえるでしょう。

　すでに米国ではREコマース市場とD2C市場の融合が進み、StockX社のような次世代D2C型のREコマース企業がユニコーン企業として注目を集めています。

　StockXは、スニーカーやアパレルブランドのリセールサービスです。米国で人気のトレーディングカードなども取り扱います。日本で米国の出品者からの商品を購入したり、日本で出品したりする場合には一種の越

境ECにもなります。

　日本のメルカリなどとも似たシステムですが、メルカリなどとの大きな相違点としては、出品者の匿名性が守れるということにあります。またプレミアム商品には売買が成立した段階で専門家が鑑定して、ニセモノが市場に出回るのを回避しています。

　さらに価格については適正な価格になるように調整も行います。

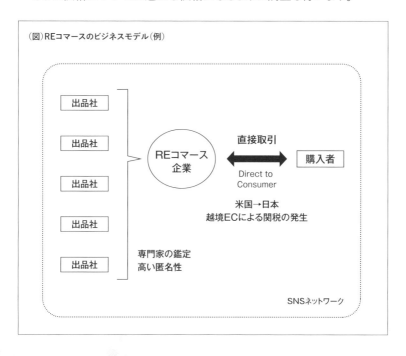

（図）REコマースのビジネスモデル（例）

出品社

出品社

出品社

出品社

出品社

REコマース企業

直接取引

購入者

Direct to Consumer

米国→日本
越境ECによる関税の発生

専門家の鑑定
高い匿名性

SNSネットワーク

幅広いD2Cビジネスの定義

　第1章でD2Cの定義を「EC事業者と消費者がコミュニティを共有し合い、商品をOEM生産して、直取引を行う」としました。

しかし、本章で具体的な事例を見てみると、業界ごと、あるいは取扱商品により、細部の定義が異なってくることがわかります。アパレルのような強いブランド力を要求される商品は開発元となるEC事業者が自社のブランド力をSNSなどで強化しつつ、OEM生産を効果的に活用することでD2Cを実践できます。いわば、教科書的なD2Cがもっとも多く実践されている業界といえましょう。アパレル産業が最大の流通チャネルと考えていた百貨店が衰退傾向著しいので、代替的な流通チャネルとして最有力であるD2Cには老舗の大企業もスタートアップ企業もまだまだ参入が続くと考えられます。

　同じようなことがコスメについてもいえます。これまで百貨店の1階などに大きくスペースをとってきた老舗の大資本コスメも、新しい流通チャネルとしてD2Cに注目しています。

　もちろん、コスメ商品市場に新規事業として参入するスタートアップ企業が、ECシフトの流れのなかでD2Cを展開すれば、ユニコーン企業へと成長する可能性は否定できません。

　しかし、取扱商品が食品になると事情は変わってきます。生鮮食品や農産物の場合は単品管理の産地直送型のD2Cモデルよりも、EC事業者が複数の産地の食品を荷合わせしてから消費者にサブスクで提供するというかたちがとられます。

　健康食品やサプリの場合は消費者ニーズが強いといえますが、薬機法などに抵触しないように広告・宣伝方法を十分に吟味する必要があります。ただし、法律に触れないように十分な対応を重ねていくことで、さらにマーケットを拡大していくことは可能です。

　越境ECとの組み合わせを図る場合には温度管理や品質管理の手間と

コストを省くため常温の菓子類などをEC事業者がセット詰めするなどして商品化して顧客に提供するというモデルが誕生しています。

　家電については、ハイブランド化が進む高級家電メーカーがSNSのコミュニティを強化することで独自の世界観を消費者に認めさせてきています。OEM生産をうまく利用すれば家電のD2Cは将来性のあるマーケットといえるでしょう。とくに技術的なイノベーションがほとんど必要ない白物家電（エアコン、扇風機、掃除機など）ではブランドイメージで消費者の支持が大きく変わることにもなります。

　また、REコマースは狭義の定義ではD2Cといえないかもしれませんが、出品者の役割をOEM生産工場の代替と考えれば、全体のビジネスフレームはD2Cにきわめて近いモデルといえます。

　このようにD2Cはまだ成長途上にあるビジネスモデルで、定義も市場や需要の拡大にあわせて変化し続けているといえます。

　すなわち、さまざまなバリエーションを携えて、自律的に進化していくということになるのです。

Chapter 3

[第3章]

D2Cビジネスの戦略

　本章では失敗しないD2Cビジネスモデルの基本スキームを紹介します。D2Cにおけるブランディング戦略や顧客体験、価格設定、商品開発、リアル店舗出店の意図などを説明します。

　基本スキームとしてはECサイトの構築はもちろん、OEM生産やフルフィルメント業務の外部委託におけるポイントなどについても詳しく解説します。

失敗しないD2Cビジネスモデルの基本スキーム

D2Cビジネスモデルはいくつかのドメインに分けて考える必要があります。

それぞれのドメインのポイントをまとめましょう。

OEMでの製品の発注から生産完了、出荷までの一連のプロセスは、次の手順で行われます。

(1)マーケット分析・商品開発

商品開発にあたっては、マーケット分析を行う必要があります。

まずキーワード追跡を行います。関連のキーワードなどを追跡し、トレンドを把握します。

さらに投稿(メンション)やトレンド、エンゲージメント(「いいね」数、コメント数など)分析、ハッシュタグ分析、「肯定的か否定的かどちらの傾向が強く出ているか」。あるいは「時間の経過でその感情がどのように変化しているか」といったことをチェックする感情分析などを行います。

そのうえで、コンペティター(競合他社)分析や市場ポジショニングなど精査し、商品の設計・開発、ブランドイ構築を進めることにあります。

(2)OEM生産

OEMへの発注に際して、商品の仕様を確定します。EC事業者は生産する商品の詳細な仕様、数量、納期をOEM製造業者に提供する必要があります。デザイン、材料、機能、パッケージングなどの詳細を定めます。仕様が決まれば、生産にかかるトータルコストを算出し、OEM企業に依頼、発注します。

OEM企業は指定された原材料を調達し、生産準備を行います。生産計画を策定し、それにあわせて人員配置などを決定します。生産ラインを稼働させ、生産工程の各段階で品質管理を行います。

工場からすぐに出荷するか、一時保管を経て出荷となるかはEC事業者が市況を見ながら決定することになります。

また、2章で紹介したようにOEM生産のセクターをREコマースで出品者からの再販商品調達で代替したり、複数の商品を組み合わせたりセレクトすることで生産と同価値の独自性を持たせている事例も増えています。

（3）物流（フルフィルメント・配送）

D2CではOEM工場で生産された商品を物流倉庫（フルフィルメントセンター）で保管、在庫管理を行います。出荷依頼に基づいて保管エリアから出庫、検品、発送というプロセスを迅速かつ正確に処理する必要があります。一連の物流プロセスは物流企業にアウトソーシングすることが可能ですが、EC事業者としては、ブラックボックス化させずに業務の流れを把握しておくことが望ましいといえます。

（4）コールセンター機能（顧客管理）

コールセンターでは顧客の問い合わせ、不満、フィードバック、返品・交換のリクエストなどに対応します。電話応対体制を設けず、チャット、メールなどのオンライン対応のみに絞っているEC事業者も少なくありません。SNSで顧客対応を行う企業も増えています。

また、ホームページにFAQ（よくある質問と回答）を用意することもあります。

（5）決済

　顧客が支払いをスムーズに行えるように決済オプションを選定します。サブスクモデルに対応できるように都度払いではなく、支払いを毎月継続的で行えるようなシステムや自動更新機能の導入が不可欠になります。

　クレジットカード、デビットカード、電子マネー、モバイル決済など、支払いオプションを増やすことで購入のハードルを下げます。国際決済の対応: 多通貨対応も越境ECを進めるならば必要になってきます。また信頼できる決済サービスプロバイダの選定も重要です。

（6）ECサイト構築

　ECサイトは商品やブランドの顔となります。したがって、クリアなブランドメッセージ、ブランドアイデンティティが明示されている必要があります。またブランドの価値観、世界観、ストーリーがわかりやすくはっきり明示されていなければなりません。画像、動画については高品質で見やすいものを用意します。また、ホームページのデザインは「ユーザーフレンドリー」であることも重要です。スマートフォンやタブレットでも負担なく閲覧できるようにします。

　SEO（検索エンジン最適化）対策も重要です。主要検索エンジンでの視認性を高めるために、関連キーワードを最適化しておきます。なお、訪問者の行動やトラフィックのソースなどはグーグルアナリティクスなどで分析し、サイト改善を継続的に行っています。

（7）SNS（宣伝・フィードバック）

　SNSの活用にあたっては、D2Cの視点からの商品のデモやユーザー

体験などの発信とそれにふさわしい魅力的なビジュアルコンテンツが必要です。またインフルエンサーの活用やターゲット広告の導入も重要です。またネガティブなフィードバックやクレームへの迅速かつ適切な対応も求められます。

　またブラックフライデーやサイバーマンデーのようなECにおけるセールストレンドを把握して、それにあわせてSNSを更新していくといった戦略性も重要になってきます。

　もちろん、基本フレームをすべて自前で用意するのではなく、必要に応じてアウトソーシングを行っていくことで販促活動などに注力することが可能になります。

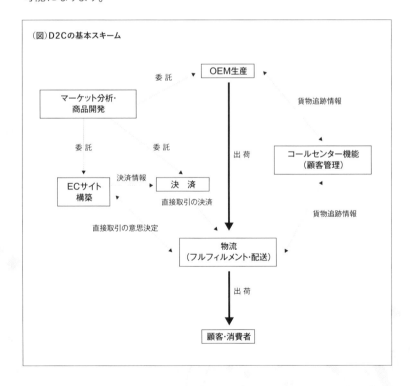

（図）D2Cの基本スキーム

LTVを意識したD2Cのブランディング戦略

　LTVの測定は、顧客の長期的な価値を理解し、ブランディング戦略を構築し、CRMを最適化するために重要です。データに基づいたアプローチにより、より効果的な顧客関係管理とビジネス成長戦略を策定することが可能になるのです。

　D2CにおけるLTVの指標としては、いくつかのKPI（重要業績評価指標）が用いられています。

　たとえば、特定の期間内に顧客が平均して行う取引の価値を表す平均購買価値（**総収益÷総取引数**）と均購買頻度率（**総取引数÷総顧客数**）を求め、それを掛け合わすことで顧客価値を算出します。

　（**顧客価値＝平均購買価値×平均購買頻度率**）

　すなわちどの商品が何回クリックされて決済されたかを把握するのです。したがって、特定の顧客が一度に大量購入しても、総取引数も倉庫客数も増えないので、数値を上げることはできません。

　そしてLTVは、顧客の平均購入単価に平均顧客寿命を掛け合わせて計算します。

　平均顧客寿命（1÷顧客離脱率）

　平均顧客寿命を知るには顧客離脱率を求める必要があります。顧客離脱率とは、特定の期間内に失われた顧客の割合で、たとえば年間10％の顧客が離脱する場合、平均顧客寿命は10年と計算できます。

　もちろん、LTVの測定は「一度計算したら終わり」というものではありません。市場環境や消費者行動、ビジネスモデルの変化に応じて、定期的に数字を見直して、戦略を再構築していく必要があります。

（1）LTV値が小さい場合の対策

　LTVが小さい場合には、主に顧客の維持とLTVの増加に重点を置く戦略構築が必要です。

　具体的には顧客エンゲージメントの向上を推進します。顧客の購買履歴などを分析して顧客ごとに商品を提案していきます。あわせて、コミュニティの充実にも力を入れたいところです。コールセンター機能やアフターサービス機能の充実も進めていきます。

　加えて、リテンションマーケティングを徹底させていきます。

　また再エンゲージメントとして、ニュースレターやリターゲティング広告を通じて、すでにコンタクトがあった潜在顧客へのアプローチを増やします。一度購入したことがある顧客には関連商品の購入など、セット販売率の向上を図ります。

　リテンションマーケティングとは、新規顧客ではなく、既存顧客へのリピート購入やサブスク購入などを強調していく方策の検討とその推進です。SNSやチャットなどをサポートチャネルとして強化します。

　加えて、リテンションキャンペーンも繰り返し打つようにします。リピーター割引やロイヤリティポイントなどを導入することで、繰り返し購入することでインセンティブが発生することを消費者に印象付けます。そして顧客からもフィードバックの声を集めて、商品やサービスの改善を常に心がけるようにします。

　たとえばコスメのD2Cを行っているA社の場合、SNSのフォロワーが少なかったものの、口コミなどで同社のホームページからの購入者が出てきました。しかし、売上高がなかなか伸びず、LTVを測定してみたところ、数値が低く、LTVの改善を念頭に置いた対策を講じる必要があるという

結論に達しました。

　そこで顧客特性を見直し、同社の主力購買層である30代女性向けのインスタグラムやTikTokのコンテンツを増やしました。

　また、再エンゲージメントの強化策として、既存顧客向けに関連商品の特別ディスカウント情報をメルマガとツイッターで繰り返し流しました。既存顧客にはリピート購入割引や長期間のサブスクではロイヤルティポイントの付与も始めました。

　その結果、LTVは改善し、収益性も向上しました。既存顧客に手厚いサービスを施すことが効果を発揮したのです。

（2）LTV値が高い場合の対策

　LTVが高い場合は、顧客のロイヤリティと満足度をさらに深化させ、長期間に渡って購入を続けている顧客層からの収益を最大化するようにします。

　まず、高LTV顧客は「特別扱い」というかたちで厚遇します。これを「エクスクルーシブオファー」といいます。高LTV顧客に特別な割引やプロモーション、顧客体験などを提供していきます。もちろん、顧客体験はSNSで共有されることになります。同時に定期的なコミュニケーションを重視していきます。

　また、高LTV顧客から新規顧客を推薦してもらい、その被推薦者を優遇するといったしくみを築き上げます。もちろん、高LTV顧客層を持っていれば、それをベースに新市場となるブルーオーシャンに乗り出していくことも可能です。

　たとえばアパレルのD2CのB社の場合、そのブランドの固定的なファン層が継続的に商品を買い続けていました。「ブラウスを買えば、スカートも欲しくなり、春物を買えば夏物も必要になる」といった感じで高いLTV

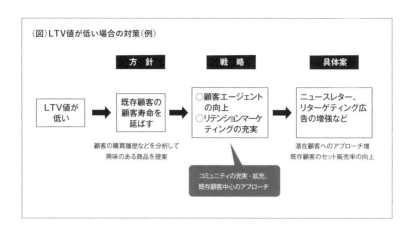

（図）LTV値が低い場合の対策（例）

| 方　針 | 戦　略 | 具体案 |

LTV値が低い → 既存顧客の顧客寿命を延ばす → ○顧客エージェントの向上　○リテンションマーケティングの充実 → ニュースレター、リターゲティング広告の増強など

顧客の購買履歴などを分析して興味のある商品を提案

コミュニティの充実・拡充、既存顧客中心のアプローチ

潜在顧客へのアプローチ増
既存顧客のセット販売率の向上

値を得ました。

　そこで高LTV顧客に対して限定セールを定期的に実施して、セット購入率のさらなる向上を図りました。それまでブラウスとスカートを買っていたならば、ジャケットもセーターも購入してもらうようにプロモーションを行ったのです。さらに値段を少し低めに設定したセカンドラインを売り出し、高LTV顧客からの推薦のある新規顧客に優先的に販売するといったキャンペーンも打ち出しました。その結果、コア層の高LTV顧客の購入額が向上し、加えて、新規顧客についても増加傾向がより強くなりました。

　概していえることは、LTVを向上させるためには平均購入単価を増やす必要があるということです。固定顧客にリピート購入やサブスク購入を推奨していく方針が望ましいでしょう。

　ただし、「リピート購入をしてください」「サブスクに切り替えてください」とメール文などでしつこく依頼しても効果があるわけではありません。むしろ、逆効果になるケースも少なくないのです。

　そこでこの場合、なんらかのインセンティブを顧客に提供することでリ

ピートやサブスクに誘導する特典などをつけます。

　たとえば、リピート購入の場合、10％割引が適用されるとか、都度購入からサブスク購入に切り替えた場合には最初の数か月は無料になるなど、「長期的に継続的に購入するならばコスト面でメリットがある」ということを顧客が理解できるような仕組みを示すのです。

　他方、高LTV顧客層に訴える場合は、限定セールを打ち出したり、関連分野の市場を増やしたりする工夫が求められるのです。

　この場合は「すでに多くの高LTV顧客が存在している」ということを前提にプロモーションやマーケティング戦略を構築していく必要があります。クレジットカードのゴールド会員やプラチナ会員を思い浮かべてもらえれば理解しやすいと思います。

　なお、LTVは高ければ高いまま、低ければ低いまま、というわけではありません。LTVについては定期的に測定し、数値が大きく変わるようならばその都度、戦略を見直す必要もあります。

売上高を大きく伸ばす顧客体験の充実

　D2C企業は自社商品を顧客にダイレクトに販売しますが、そのプロセスのなかで、顧客のパーソナルデータから「顧客にどのようなニーズがあり、どのような商品を望んでいるのか」ということを予見することができます。

　また、顧客の購買行動にいくつかの可能性があるときに、それぞれの可能性を試したり、体験したりしてみて、そのうえで最も満足度の高い商品を選択できるというかたちでCX（顧客体験）を実現できます。

　顧客体験の考え方としては、「知る⇒見る⇒触る⇒手に取る⇒一度使っ

てみる⇒何度も使う⇒評価する」というプロセスが新しい商品を知るたび
に繰り返されていくなることを重視します。

　ただし、ECの場合、「知る⇒見る」以降のプロセスについてはオンライン
上でできないので工夫が必要です。

　オンラインでは「触る」ということができないので「知る⇒見る」のプロセ
スでSNSが活用されることになります。たんに「知る」という段階でのデジ
タルメディアとしては、メルマガ、LINE、X（旧ツイッター）を活用していきま
す。消費者がキーワードから商品名などにたどり着くきっかけとなります。

　そして「見る」という段階になると、インスタグラムが効果を発揮します。
もちろん、ツイッターやLINEなどでも視覚的な効果は期待できるのです
が、インスタグラムの場合、画像が並ぶことに並ぶのでよりインパクトがあ
ります。「触る」という機能はオンラインでは期待できませんが、「見る」の延
長線上にある「視聴」で補うことになります。YouTubeやTikTokの動画
で代替することができると考えます。

　もちろん、YouTubeなどにも「知る」「見る」という機能はありますし、Xや
LINEにも「動画」はあるのでそれぞれの主要SNSが「見る」から「視聴す
る」までの諸機能を網羅していることにもなります。しかしここではそのな
かでもっとも象徴的な機能を中心に考えることにします。

　「触る」や「使う」という機能については実配送や実店舗での取り組みを
含めてオンライン外の「オフ環境」で考えていく必要があります。

　たとえば、複数の選択肢となる商品を一度、購入者宅にまとめて送り、
「そのなかから消費者が気に入ったもののみを購入し、選択から漏れ
た商品については返送可能とする」というフレームワークを用意している
ケースも増えています。

また、基本的にはオンライン上で取引を完結させていますが、実店舗を
ショールームのように活用して、顧客体験の場としている企業もあります。
その場合、店舗では販売は最小限に留め、商品の確認やトライアル、試用
などのスペースを提供することに重きが置かれています。たんにオンライ
ン上で情報提供を行うだけでなく、実物を見たり、触ったり、使ってみたり
するという顧客体験を可能とすることで売れ行きも伸びることになります。

ちょっとした工夫で大きな成果を上げる価格設定のコツ

　D2Cの売上高を大きく左右する要素の一つに「価格設定」があります。

　基本的には生産コストなどから原価計算を行い、顧客への直接販売であ
るので、生産コストにマージンを上乗せして価格を設定することになります。

　その際に競合他社の価格も参考にして、マーケットシェアなどを見極め
ながら低価格戦略をとるかプレミアム戦略をとるかを検討します。

（1）低価格戦略

　すでに多くの競合企業が存在する市場に新規参入することを考える場
合、低価格戦略により市場シェアを獲得するのが有力な選択肢となります。

　競合他社のブランド力が弱く、「価格が安いほうに消費者が流れやす
い」という状況では価格競争が発生しやすいといえるでしょう。前述してい
るように基本的にD2Cモデルは中間マージンを省くことができるので、低
価格で販売することが可能です。したがって、先行する企業がすでに低価
格を売りにして販売していれば、それ以上の安価を打ち出すことで、コスト
リーダーシップを実現することが可能になります。

ただし、低価格競争を勝ち切るにはしっかりしたSCM（サプライチェーンマネジメント）のフレームワークを構築しておく必要があります。

　コストを削減し、利益を最大化するために、生産コストと物流コストを可能な限り低減させる必要もあります。また、低価格でありながらも品質が劣化することを絶対的に避けなければなりません。

　そしてそのうえで、価格に敏感な顧客層に焦点を当てていきます。価格を最も重要な購入基準とする顧客層をターゲットにするのです。SNSを用いて、低価格を前面に打ち出し、価格面での競争力をアピールするのです。

　低価格であっても、顧客サポートやアフターサービスを充実させ、顧客満足度を高めるように努めることも大切です。

　同時にサブスクを徹底的に浸透させます。定期的な収入を確保し、顧客との長期的な関係を構築し、低価格路線で受けるダメージを緩和していくのです。

　さらにいえば、低価格戦略で勝ち抜くためには、たんに価格を下げ続けるのではなく、コスト適正化、競争優位が確立できる市場の選定なども必要になってくるのです。

　たとえば、雑貨のD2C企業であるC社は先行する企業群との差別化をコストリーダーシップ戦略でとる方針を打ち立て、他社よりも安価な雑貨を売り出すことにしました。それを受けて競合他社はC社の低価格に追従し始めました。しかし適切な出荷量を把握して過剰生産、過剰在庫を避けるなど、高度なSCMを構築し、価格競争に勝ち抜くことができました。

（2）プレミアム価格戦略

　異なる顧客セグメントに対して異なる価格設定を行います。

顧客のニーズや購買力に合わせた価格戦略を立てることが可能です。これらの方針は、ブランドのポジション、市場環境、顧客のニーズといった要素を考慮して選択する必要があります。また、これらの方法を組み合わせることで、より効果的な価格戦略を構築することも可能です。ブランドストーリーを緻密に構築することで顧客を「高額であってもそれに見合う価値がある」と考えるように導くのです。

そのためには、質の高いCXの実践や商品の希少性などを高める必要があります。

たとえば、D社は希少性のきわめて高いカスタマイズされた手作りのバッグをD2Cによりオンライン販売しています。商品は作り上げるまでに時間もコストもかかることになります。顧客はバッグのデザイン、柄、形状、素材などを好みにあわせて変えることも可能です。高級なブランドイメージを作り上げたことで高価格帯での販売が可能になっているのです。

また、サブスクを導入できる商品特性ならば、「サブスクを活用することによって高額商品を割安で購入できたり使えたりする」というビジネスモデルを組むことも有力な選択肢です。化粧品や健康食品など、「ブランドイメージによっては高額になり得るものの、消耗品として定期的に購入する必要性もある」という特性の商品に向いています。

なお、新商品を当初は高価格で販売し、時間の経過とともに段階的に価格を下げていくという戦略をとるD2C企業も少なくありません。EC販売では希少性が重視される側面も強いので、新商品で希少性が高い段階では高価格とし、競合他社などが類似商品を販売した場合には、価格競争に戦略を転じるのです。ブランドイメージにも寿命があるために、いつまでも高級イメージを維持し続けることが容易ではないケースがあることをふ

まえた対応です。

　心理的価格設定を行うことも重要です。たとえば、価格の末尾を「98」などとすることで心理的なハードルを下げるという手法もよく使われます。

　「週末限定」「毎週木曜日のみ」といった期間限定、時間限定でセールを行うことも効果的です。その際に特定の価格帯を想定して、「どの商品でも3000円以内」のように顧客が買いやすい価格を予算化して提案するという方法もあります。

　D2Cの導入において商品の品質や使いやすさ以上に顧客は価格についてのリサーチを丹念に行います。わずかの価格差で購入量や売上高が変化したり、競合他社からシフトしてきたりすることもあります。単純な価格競争に陥るのは危険です。価格戦略について高い意識を持つことが必要になってきます。

消費者目線の商品開発で他社に差をつける！

　多くのD2C企業がSNS上のコミュニティでの評価、評判を参考に商品開発を行っています。

　しかし、SNSからの情報のみでは他社と差別化できる商品を開発していくことはできないでしょう。SNSの常識に縛られない独創的な発想やユニークな商品の開発が求められてくるというわけです。

　たとえば、韓国のアモーレパシフィックが開発して、瞬く間に広がった「クッションファンデーション」は新製品の開発に苦慮していた同社の社員が駐車券に押すスタンプから自動的にインクが出てくるのを見て思いついたということです。手を汚さずにファンデーションやチークができると

いうことからコスメ部門で広い支持を受けることになりました。

　「化粧をするときに手を汚したくない」という消費者の目線に沿った商品開発でした。

　フンドーダイが開発、販売している「透明な醤油」も消費者目線の開発でした。

　それまでの常識では「醤油は黒」ということでしたが、「こぼしたときに色が服に染み込まない」「料理、調理にするときに透明であると隠し味などに使いやすい」といった消費者目線の開発となり、大ヒットに結び付きました。

　SNS上の情報や口コミは最大公約数的な面があるので、それだけで商品開発を行おうとしても、「無難ではあるがインパクトに欠ける」という商品になるリスクが付きまといます。

　大きなヒットを狙うならば、「日頃、消費者目線で不便ではあるが、それも仕方がないこと」と諦めていたようなことを普段とはちょっと異なるアングルから見ることで商品化のヒントを掴むということが大切になってくるようです。

　そのためにはチームレベルで商品開発を行うならば、ブレーンストーミングを頻繁に行うことも有効策の一つです。

　会議に目的やゴールを設定せずに自由にアイデアを出し合い、それをベース、あるいは、きっかけとして、これまでとは異なる視点からのアプローチを進めていくのです。

　また異なる分野の取り組みや観点を参考にするのも役立つことになるでしょう。

　そしてモノになりそうなアイデアが浮かんだら、それを改善、改良してい

くことで、実用化、商品化への道筋を整備していきます。

　そこでD2Cのビジネスモデルとしての特徴を生かして、顧客から「どのような商品があればよいのか」ということを定期的に募ってみるというやり方もあります。

　特定の顧客との共同開発やコラボレーションというかたちを進めたり、アイデアコンテストをSNS上で開催したりしている事例もあります。クラウドソーシングにより外部専門家を効果的に活用していくのです。

　いずれにせよ商品開発には試行錯誤の時間も相当にかかります。

　日頃からSNSを介して、自社の取り扱う商品などに「どのような課題があるのか」ということを把握して、改善につなげていく姿勢が必要になるのです。

リアル店舗の活用で高い相乗効果を発揮！

　消費者はオンライン上で自分のほしい商品を探し出し、購入することができますし、必要に応じて、自宅などに商品を郵送してもらうことで試用や試着も可能です。

　D2C企業のなかにはオンラインのみのビジネス展開という企業も少なくありません。

　しかし気軽に実物の商品を見て、触り、使ってみるには実店舗があれば便利であることはいうまでもないでしょう。

　また、オンライン上では微妙な色合いや手触り、匂いなどを把握することは難しくなります。

　さらにいえば、実店舗でイベントなどを開催して、商品の便利な、あるい

は楽しい使い方を体験してみることも可能です。

　一人で使うのではなく、グループで使うことで商品価値が上がるような商品もあるでしょう。

　また、食品などならば、試食も気軽にできますし、家族や友人と歓談しながら食べたり、使ったりしてみることで商品の魅力を再認識することもあるでしょう。

　このような実店舗のメリットは近年、再評価される傾向が強くなっています。

　また、「ECがよいか、それとも実店舗がよいか」といった二者択一の方法論ではなく、「ECと実店舗のそれぞれの長所を生かして、それぞれの短所を補っていく」という考え方が主流になっています。

　商品は実店舗で購入しても構いませんが、実店舗では商品は顧客体験のみに活用して、実際に購入するのはネット経由にしてもらう「ショールーミング」という手法を取り入れているD2C企業もあります。

　たとえば、家具などは実店舗のショールームで実物を目にして、試用してもらい、そのうえで後日、オンラインで購入するといったスキームが組まれていることがあります。

　商品の探索、発見、検討の機会を実店舗で提供し、購入手続きはオンラインで行い、自宅まで配送してもらうというビジネスモデルが導入されているケースが非常に多いのです。

　実際、スタートアップ企業にとって、多くの実店舗を構えるには時間とコストがかかります。またスタッフなどの十分なヒューマンリソースも必要になります。

　そこでD2Cビジネス開始当初はオンラインのみ、ついである程度の売

上高を達成できるようになった段階で大都市圏の要衝に旗艦店を開設するというのが一般的な手法になるでしょう。

　ただし、その反対にすでに一定数の実店舗を保有している従来型企業がDX重視の戦略に切り替える場合、実店舗での知名度を活用したうえでECを展開していくという「オフライン重視戦略」がとられることになります。

　オンラインとオフラインの戦略バランスの最適化が求められる時代になったといえるでしょう。

Chapter 4

［第4章］

オンラインプレゼンス
の構築

　本章ではオンラインプレゼンスの構築について解説します。

　オンラインプレゼンスとは、ビジネスのオンライン上での存在感を指します。オンラインプレゼンスが強まれば、顧客との直接交流、そして直接取引の機会が増えます。

　そこで本章では、オンラインプレゼンスを強化するECサイトの設計、SNSの活用方法、インフルエンサーとの連携などについて解説します。

D2Cを意識したターゲットオーディエンスへのアプローチ

D2CのECサイト構築においてターゲットオーディエンスの設定は非常に大きな意味を持ちます、

ターゲットオーディエンスは、そのなかで中核的な存在となる「コアオーディエンス」が中心となります。ただし、それとは別に自社サイトやSNSの諸サイトをもとに作成されるユーザーデータをもとに「カスタムオーディエンス」も生成されます。加えて、そのカスタムオーディエンスに類似しているオーディエンスについても広告を打つことがよく行われます。

コアオーディエンスの設定は、地域・年齢・性別・言語・学歴・職業などの登録情報に加えてクリックや購買などの使用状況から、興味関心や行動を踏ふまえて行われます。

昨今のD2Cに関わる諸状況を観察すると、「魅力あるホームページを作成して、SEOで検索上位に表示させて、ターゲットオーディエンスを呼び込む」というのは、よほどの知名度や商品訴求力を持つブランド以外は不可能と考えられます。

FaceBook、YouTube、X（旧ツイッター）、インスタグラムなどを介してコアオーディエンスに直接、アピールする必要があります。そのうえでウェブサイトはシンプルで目的、用途がわかりやすいデザインが好まれるのが最近の傾向です。

直感的なナビゲーションで訪問者が製品や情報を簡単に見つけられるように工夫する必要があります。近年のネットユーザーは少しでも複雑でストレスがあるようなサイト構成になっているとそれだけの理由ですぐにサイト自体を見切る傾向が強くなっています。

また、ブランドのストーリーの緻密な構築も重要です。

ブランドの価値観、歴史、製品の背後にある物語をストーリーを簡潔に、しかし興味深く解説する必要があります。ただし、緻密といってもくどい説明は極力避けなければなりません。当たり前の話や一般論などは省いて構いませんが核心についてはメリットや効果を一目でわかるように説明するデザインや工夫が求められます。

　ポータルサイトを一目見た段階で「これは自分にとって必要な商品情報だ」と認識されなければ次の瞬間にサイトから離脱している可能性が非常に高くなります。そうならないようにサイト自体にも誘導媒体となるSNSにもどのような商品がどのような用途に用いられ、どのような効果があり、いくらなのかということがストレスなく理解できるような視覚的なサポートも必要になってきます。

　そしてターゲット顧客が求める情報や商品について、ストレスなく見つけられるようにしておきます。少しでも興味のない情報が混じっていると、コアオーディエンスといえどもサイトから離脱していきます。あわせて、購買プロセスを可能な限り簡潔にする必要があります。

　さらにいえばモバイルフレンドリーも必須です。パソコンではなく、スマートフォンを主として用いるオーディエンスが大前提となります。

コラボレーションの実践でファン層を拡大

　D2C企業どうし、あるいは業態が異なる企業とコラボレーションが行われることは少なくありません。そしてコラボレーションの効果は大きいといえます。成長にアクセルをかける段階やマーケットリーダーを目指す段階などで実施されるケースが多いようです。

とくにコラボが効果を発揮するのは、ターゲットオーディエンスに共通点や類似点が多い場合です。商品特性が異なっても、ブランドどうしが共通の価値観や関心を持っていると、相互の支持層が乗り入れることになり、大きな相乗効果が期待できます。

　たとえばコラボのパートナー企業とのクロスプロモーションや共同キャンペーンを行うのです。

　限定商品の共同開発、販売などが行われたり、共同イベントが開催されたり、ポップアップストア（期間限定店舗）のオープンなどが行われたりすることもあります。

　とくにコラボを進めるにあたり、ポップアップストアのオープンは効果的です。ポップアップストアでは、期間を区切って、イベントスペースやインストアなどに店舗を構えることになります。

　店舗レイアウトなどにブランドコンセプトを表現しやすく、期間限定のコラボの限定アイテムなども並べやすいというメリットがあります。

　また、D2Cのターゲットオーディエンスに特化した店作りもやりやすくなります。

　オープン前にSNS上でポップアップストアの開店計画をファンと共有できれば集客力も高まります。オンラインでは触れることができない新商品に触れるという実体験することでファン層を拡大することもできます。またブランドの認知度を高める効果もあります。

　成長著しいD2C企業のなかにはポップアップストア戦略を効果的に活用している企業が増えています。

　「VOTE MAKE NEW CLOTHES（ヴォート メイク ニュー クローズ）」は、顧客がデザインや製品開発に参加することができるD2Cファッショ

ンブランドです。ハーバード大学とのコラボを行い、Tシャツの販売も
行っています。

　顧客が製品に関与し、意見を投稿し、デザインに参加できる独自のプ
ラットフォームを構築しています。顧客は、ブランドの製品開発に参加して、
自分のアイデアを反映した商品を開発することができます。

　D2Cブランドである一方でオフラインのイベントも頻繁に行われてい
ます。ポップアップストアなどで直接試着・購入できるようになっていま
す。オンラインに加えてオフラインでもオーディエンスに充実した顧客体
験を与えることにより、D2Cの魅力を何倍にも増幅できるのです。

オンラインプレゼンスを大きく左右するインフルエンサーとの連携

　D2C企業はインフルエンサーとの連携に際しは次のチェックリストを
参考にするとよいでしょう。

　まず、インフルエンサーのコラボ実績を調べる必要があります。インフル
エンサーのSNSアカウントを確認して過去の投稿などを確認します。イン
フルエンサーがウェブサイトを持っている場合にはそこにコラボの実績が
掲載されている可能性があります。検索エンジンでインフルエンサーの名
前や関連キーワードで実績をチェックします。

　また、自社のリサーチ力だけに頼らず、専門のインフルエンサーマーケ
ティング会社のプラットフォームに登録して実績を確認している企業も少
なくありません。その際の基準として、フォロワー数ならば1万人、エンゲー
ジメント率（投稿に反応したユーザーの割合）ならば、1〜5％以上はほし
いところです。

コンテンツの品質や作成能力についてはエンゲージメント率を参考にしながら過去に作成したコンテンツを見て判断します。

ただし、コンテンツだけでは十分に判断できない場合もあるので可能ならばインフルエンサーとコンタクトを取り、面談、インタビューなどを行い、コンテンツ作成の方針などもヒヤリングします。

そのうえでターゲットオーディエンスとの整合性を確認します。支持層が女性か男性か、年齢はどれくらいか、どんな職業か、どのような好みがあるのかといった点を確認しておきます。

さらに予算（コスト）やスケジュールについても十分な確認を行います。

D2Cの販売促進におけるインフルエンサーの果たす役割はたいへん

（図）インフルエンサー選考のチェックリスト

チェック項目	詳　細
過去のコラボレーション実績	過去にどのようなD2C企業とコラボをしてきたを確認
フォロワー数	最低1万人以上のフォロワーが必要
エンゲージメント率	1～5％以上
コンテンツ品質・作成能力	不快感を与えず、見やすくわかりやすいコンテンツを作成できること
ブランドメッセージ一致性	D2C企業のブランドイメージにあったコンテンツとなっているか
ターゲットオーディエンスの整合性	性別・年齢・職業・志向などのターゲットオーディエンスがD2C企業とインフルエンサーで整合性がとれているか
コストパフォーマンス	コスト的に予算に見合うか
スケジュール性	完成までのプロジェクトマネジメントにおいてリスクなく遂行が可能か

大きなものとなります。

　十分な検討を加えたうえで、適任者を選び出す必要があるのです。

インスタグラムをユニークな視点で活用

　D2Cビジネスはインスタグラムとの相性がよく、商品ラインアップを画像でユーザーに自然なかたちで提示できる点が大きなメリットとなっています。

　食品提供サービスを行うD2C企業のなかでは、ナッシュのようにインスタグラムで栄養バランスに配慮したメニューをアップさせて売上向上につなげている企業もあります。

　グリーンスプーンはサブスクリプションベースで食品を提供していますが、メニューに関連するおしゃれな画像をメインにしています。インスタ映

（図）D2C企業のインスタグラム活用事例

インスタグラムに商品を並べる
いわゆるインスタ映えを意識した構成を狙う

○リール動画（短い動画）も用いる
○商品とインスタグラムとの最適なマッチングを探す

えを念頭に、商品の包装などもアップしています。おしゃれな雰囲気で料理を食べたい若年層などの支持を集めています。

　このように、たんに食品、食事のラインナップをアップするのではなく、工夫されたメニューや詳細なレシピも加えています。さらに「リール動画」といわれる短い動画を道いて、料理や調理のやり方やおいしい食べ方などの実演も行われています。

　また化粧品では、たとえばオルビスは有名タレントによる使用感をリール動画で流したり、化粧品購入者に数量限定のマグカップをプレゼントしたりするといったプロモーションを行っています。またこれまでとはちょっと異なる保湿のやり方を丁寧に説明したりしています。情報提供型のリールを高頻度で投稿しています。

　D2C企業を物流の側面からサポートする物流企業でも、たとえばヤマト運輸では宅急便に関わる豆知識をクイズ形式でインスタグラムに投稿しています。宅急便のユーザーの「荷物を送る、受け取る」にまつわるエピソードなども募集して、D2C型の物流ビジネスモデルの構築も進めています。

　D2Cにおけるインスタグラムの活用はまだまだブルーオーシャン（新市場創出）といえるでしょう。自社製品そのものだけではなく、見せ方や使い方、さらには豆知識や小ネタなども適時加えて、ユーザーとコミュニケーションを深めることで販売促進にもつながっていくことになります。

工夫次第で効果が変わるX、YouTube

　インスタグラムがビジュアルコンテンツに特化してブランドイメージの強化に効果を発揮するのに対して、Xは、顧客とのリアルタイムのコミュニ

ケーションの強化に強みがあります。最新情報の発信や短期的なキャンペーン、「緊急のお知らせ」などに適しています。ニュースやトレンドにタイムリーに反応し、情報を共有することができるのです。Xの広告プラットフォームを活用して、ターゲットオーディエンスに合わせた広告キャンペーンを打つことも可能です。

インスタグラムとXはそれぞれユーザー層が違いますが、連携させることで相乗効果を創出し、より広範なユーザー層にアプローチすることが可能になります。

なお、Facebookはインスタグラムと連動しているので両方で広告キャンペーンを一元管理し、効率的に広告を展開することができます。統合された分析ツール：両プラットフォームのデータを統合して分析し、マーケティング戦略を最適化することができます。

また一貫したブランドメッセージを発信できるので：ブランドの認知度を増幅することができます。

さらにいえば、Facebookの広告分析ツールを用いて、キャンペーンの効果を測定し、最適化することも可能です。

また、YouTubeの動画で　商品の特徴や使用方法を視覚的に紹介することが可能になりますD2C企業の経営者やインフルエンサーを動画に登場させることも可能で、D2C企業の設立の背景や価値観、創業者のストーリーなどを動画で解説することもできます。ブランドに対する消費者の感情的なつながりを深めることができるのです。

また商品の使用方法や業界の常識、関連するライフスタイル情報などを紹介する動画をアップさせることもできます。

(図)主要SNSのD2C戦略における比較

プラットフォーム	メリット	デメリット
Instagram	視覚的なコンテンツが強く、ブランドイメージの強化に有効。インフルエンサーマーケティングに最適	テキストよりも画像・ビデオが中心で、深い情報提供が難しい場合がある
Twitter	リアルタイムの情報共有が可能。ハッシュタグを使ったトレンド追跡や即時反応が強み	情報の過多により、投稿がうもれやすい。短い文字数制限により情報提供が制限される
Facebook	高度なターゲティング広告が可能。多様な年齢層が利用。広範なデータ分析ツール	若年層の利用減少傾向。広告の競争が激しく、費用がかかる場合がある
YouTube	長時間のコンテンツ配信が可能。教育的・説明的なビデオに適しており、詳細な製品紹介が可能	高品質なビデオコンテンツの制作には時間とコストがかかる。SEO対策が重要

SEOとコンテンツマーケティングの活用

　一般的にD2Cビジネスのスタートアップ企業はマーケティング予算の約7～12％程度をSNS関連に割く傾向にあります。そしてSEO（検索エンジン最適化）対策コストもその予算に含まれることになります。ウェブサイトのトラフィック（通信データ量）を増加させて、検索エンジンの上位に表示させることを主たる目的としています。

　もっとも、SEOは即効性が高いという代物ではありません。EOは長期的なオンライン戦略であり、すぐに売上が向上するわけではありません。効果が現れるにはかなりの時間がかかるのです。

　ただし、ブロガーやインフルエンサーとは密接な関係があります。質の高いブログを運営したり、ブロガーと提携したりすれば、SEOにとっても大きなプラスです。また、インフルエンサーが商品やサービスを強く推薦すれ

ば、関連キーワードが検索エンジンの上位に顔を出すことになります。

　現在のSEO対策としてまずD2C企業が取り組まなければならないのは、キーワード選定の最適化です。ホームページに適切なキーワードが組み込まれていないと検索上位に表示されません。

　またキーワードを複数組み合わせた「ロングテールキーワード」を組み込むことで検索上位に表示されるように工夫する流れも出てきています。

　キーワード選定の最適化においては、自社のターゲットオーディエンスがどのようなワードを用いて商品やサービスを検索するかを調べる必要があります。アンケート調査やヒヤリング調査、xやインスタグラムの投稿語句などを分析してキーワードを抽出します。近年発達してきたテキストマイニングを専門とするマーケティング会社に依頼するのも一法です。

　またターゲットオーディエンスだけではなく、競合他社が使用しているキーワードについても分析します。ターゲットオーディエンスが用いるが競合他社が使っていないニッチなキーワードを見つけて、ウェブサイトに効果的に組み込むことを考えます。

　またサイト運営ポリシーについては、高品質でユーザーに価値を提供するコンテンツを定期的に更新し、サイトの新鮮さを常に保持するようにします。SNSのリンクも絶対条件です。

　もちろん、ナビゲーションの簡素化、ページの読み込み速度の最適化、モバイル対応なども必須です。CX（ユーザーエクスペリエンス）を向上させるために欠かせません。プライバシーポリシー、問合わせ情報、投稿レビューなどを明示し、サイトの信頼性を高める努力をします。

　そしてCV（コンバージョン数）の増加をKPI（重要業績評価指標）とし、SNSの検索結果やリスティング広告などを介してユーザーが最初にアクセス

する「ランディングページ」の最適化を図ります。ランディングページに試供品の提供、見学会の予約、商品のオーダーや予約受付などを設けることにより、訪問者に心理的負荷をかけることなくアクションに誘導できるのです。

データ駆動型マーケティングの実践

　D2Cビジネスにおいてマーケティング分析は必須ですが、近年大きな注目を集めているのがデータドリブン（駆動型）マーケティングです。「こうした商品に関心が集まるのではないか」といった直感的な感覚で消費者や顧客の志向を予測するのではなく、定量的なデータをベースにして、「このデータがこれくらいの値だから、それにあわせた戦略を構築しよう：」といったふうに考えます。

　たとえばインスタグラムでは無料ツールのインサイト（顧客課題）解析を活用できます。多くのD2C企業が活用しているツールです。

　インサイトとは、もともとは「深い理解や突き抜けた認識」を意味する語ですが、マーケティング用語としては、「データや情報から得られる重要な発見や明らかにされた顧客の課題」を指します。

　そしてインサイト解析を行うことで、顧客の行動や好み、市場のトレンドなどに関して新たな発見がもたらされることにもなります。

　たとえばインスタグラムで用いられている広告インサイトでは、宣伝プロモーションに際して、広告のリーチ、エンゲージメント、クリック数、コンバージョン数、費用対効果、ターゲットオーディエンスの行動パターンなどが明らかにされます。リーチしたアカウント数、アクションを実行したアカウント数だけではなく、アクションを実行したオーディエンスの滞在する

国、都市、年齢層、性別などの比率も把握できます。

　したがって広告インサイトを活用することで、広告キャンペーンの効果が測定され、販売促進キャンペーンの最適化や戦略立案に活用することができるのです。

　なお、インサイト解析は広告インサイト以外にも顧客（消費者）インサイト、市場インサイト、商品インサイトに拡張することでインスタグラムの枠を超えた概念として活用することができます。

　たとえば顧客インサイトという視点から、顧客の行動、好み、購買傾向などを深堀して分析することが可能です。

　一例をあげると化粧品というと若年層が中心でしたが、近年はシニア層も化粧品を求めるようになりました。「シニア層も化粧品を使いたい」というインサイトが明らかになってきたのです。

　D2Cにおけるカスタマイズの進んだCRM（顧客関係管理）ではまさしくこうした顧客インサイト分析が求められることになるのです。

　さらにいえば顧客インサイトを明確化するのにペルソナの設定を行うことで効果を増幅できます。

　ペルソナとは、想定される典型的な顧客やユーザーの架空のプロフィールを作成することで、具体的で実践的な顧客理解を深めていく手法です。ペルソナを設定することでターゲットオーディエンスが明確化され、商品やサービスを使用する可能性の高い具体的な顧客群に焦点を当てることが可能になります。顧客のニーズ、願望、課題、購入動機などを詳細に理解することも可能になります。

　さらにそれぞれのペルソナに合わせてカスタマイズされたマーケティングメッセージやキャンペーンを展開していくこともできます。

市場インサイトという概念も注目されています。売り出す商品に関わる市場がどのような特徴を持っているかを分析して、理解するという考え方です。

　消費者の志向や業界の動向など、市場の潮流を理解し、ビジネス戦略の策定や新商品の開発などの参考にします。

　たとえば、近年の食品業界には健康志向の高まりという潮流があります。これが市場インサイトです。そして多くのＤ２Ｃ企業はこの市場インサイトに基づき、低カロリーや無糖の商品などの品揃えを充実させています。

　また、モバイルフレンドリーなＤ２Ｃビジネスモデルやデジタル化された商品も増えていますが、「消費者がテクノロジーの進化などの影響を大きく受けている」という市場インサイトの視点からの分析が可能です。

　データ駆動型マーケティングを実践するうえ重要なことは、活用するＫＰＩの意味をしっかりと把握することです。

　たとえば、「売上高向上を目指すためにはフォロワー数の増加が不可欠である」という仮説を立てたならば、次に「フォロワー数を増やすためにはプロフィールやウェブサイトへのアクセス数、リーチ数を増やす必要がある」と考えます。そして、アクセス数やリーチ数を増やすためにはどのようなオーディエンスをターゲットとして、どのようなタイプの広告でどれくらいリーチしてインタラクションに持ち込むか」といったことを検討するのです。

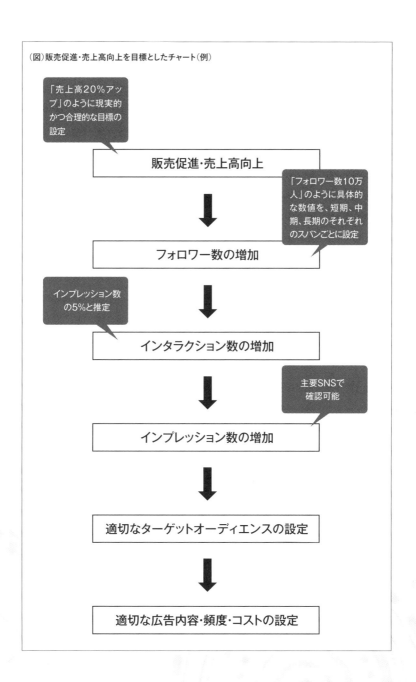

（図）販売促進・売上高向上を目標としたチャート（例）

「売上高20％アップ」のように現実的かつ合理的な目標の設定

販売促進・売上高向上

「フォロワー数10万人」のように具体的な数値を、短期、中期、長期のそれぞれのスパンごとに設定

フォロワー数の増加

インプレッション数の5％と推定

インタラクション数の増加

主要SNSで確認可能

インプレッション数の増加

適切なターゲットオーディエンスの設定

適切な広告内容・頻度・コストの設定

Chapter 5

［第5章］

D2C実践の舞台となる
越境ECへの
導入、展開、推進

　本章ではD2C実践の舞台としても有力な越境ECへの導入や展開について、越境ECというビジネスモデルに関する復習も含めて解説します。越境ECにおいてもD2Cの活用が必須の状況となりちつつあります。そこで越境ECにおけるD2Cの導入を念頭に商品開発、仕入れ政策、サイト構築、デジタルマーケティングの実践などについて説明します。また、越境ECにおけるSEO対策やカスタマーサポートのポイントについても解説します。

効果が大きい越境ECビジネスでのD2Cの活用

ECビジネスを国境を越えて行うことを「越境EC」といいます。越境ECの市場はここにきて急速に拡大しています。加えていえば円安の進行もあり、海外サイトの運営で日本円ベースでの売上高のさらなる増加も見込める可能性があります。

たとえば、京都の弁当箱専門店として知られるBENTO&COは、幅広い種類の弁当箱を取り扱っていますが、世界約100か国相手に越境ECを展開しています。当初はメーカーから仕入れた商品を販売していましたが、好調な業績を背景に人気キャラクターなどのライセンスを取得してOEM生産に切り替えました。

同社のインスタグラムではインフルエンサーも登用して、弁当箱のラインナップやそのなかに入れる料理の作り方、盛り付けなどを紹介しています。

従来型の越境ECでは海外の大手モールや独自のウェブサイトに商品ラインナップや解説を掲載し、SEO対策を強化することでページビューを増やしていました。しかし、海外のプラットフォーム型の大手モールでは詳細な顧客データを入手することが簡単には入手できないことも少なくありません。

けれどもD2Cを越境ECに組み込み、SNSを介して顧客と直取引を展開すればUXを十分に提供できるビジネスモデルを構築できるのです。

越境EC型D2Cビジネスモデルは、2つのプロトタイプがあります。

すでに越境ECとしてビジネスが軌道に乗っている状態でD2Cを導入するケースと、D2Cとして国内でのプレゼンス(存在感)を十分に確保したうえで越境ECにも乗り出していくケースです。

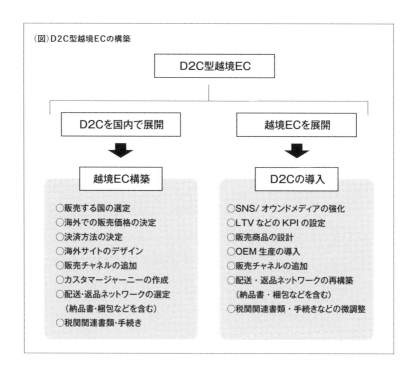

(図)D2C型越境ECの構築

D2C型越境EC

| D2Cを国内で展開 | 越境ECを展開 |

越境EC構築

- ○販売する国の選定
- ○海外での販売価格の決定
- ○決済方法の決定
- ○海外サイトのデザイン
- ○販売チャネルの追加
- ○カスタマージャーニーの作成
- ○配送・返品ネットワークの選定
  （納品書・梱包などを含む）
- ○税関関連書類・手続き

D2Cの導入

- ○SNS/オウンドメディアの強化
- ○LTVなどのKPIの設定
- ○販売商品の設計
- ○OEM生産の導入
- ○販売チャネルの追加
- ○配送・返品ネットワークの再構築
  （納品書・梱包などを含む）
- ○税関関連書類・手続きなどの微調整

（1）D2C企業による越境EC参入

　まずどの国で販売するかを選定していく必要があります。対象となる国にあわせて言語対応する必要があります。ほとんどのSNSには翻訳機能が装備されていますが、それでも原語で対応しているほうがSEO対策も含めてアクセス数もフォロワー数も向上していくことになります。

　また海外サイトについては日本語サイトとは異なる文化を有しているということもあり、「日本と同じサイトで同様の効果が期待できる」というわけではありません。

　海外の文化に合わせたウェブサイトの構築が必要になってくるのです。日本のサイトの場合はひらがな、カタカナ、漢字にアルファベットも混在し

ているためにどうしてもテキスト主体となります。しかし、海外サイトの場合はテキスト量が少なくなり、高品質の画像がより多く使われる傾向にあります。したがって、日本のサイトの感覚で海外サイトを使うと海外ユーザーが違和感を持つ可能性が出てきます。これはSNSについても同様でインスタグラムやYouTubeなどの動画についても日本のものは字幕や文字入れが多くなる傾向があります。オリジナリティを尊重しつつも海外のSNSの特徴も把握しておく必要もあるのです。

　また商品については海外では取り扱えない素材や商品があることも把握するようにします。たとえばイスラム諸国ならば、豚由来の商品の取扱いはできなくなります。食品だけでなく、皮製品などについても販売できない可能性があります。

　イスラム国家で靴の裏当てに豚皮が使われていたために全額払い戻しを要求された輸入品の事例も報告されています。

　決済方法や税関手続きなどの商流や海外配送ネットワークの構築については、外部委託をすることで社内業務に負担をかけないかたちにすることが望ましいでしょう。配送ネットワークなどのロジスティクスの構築については事業拡大などを受けて配送スキームを切り替えていく必要もあります。

(2)越境EC企業のD2C参入

　越境ECをすでに展開している企業がD2C型のビジネスモデルにシフトするのは難しいことではありません。海外サイトや海外配送ネットワーク、税関対応などについてはすでにスキームが確立しているからです。

　ただし、これまでの越境ECの枠組みに加えて、D2Cビジネスモデルのエッセンスの導入が必要条件になります。「海外では珍しい日本の人気商

品を販売し、円安メリットを最大化する」といった越境ECモデルならば、大幅なリニューアルが必要になるのです。

とくに必須となるのがこれまでの実績をふまえつつのSNS／オウンドメディアの強化です。

あわせて、LTVなどのKPIの設定、OEM生産の導入なども必要になってきます。また海外配送ネットワークについても再構築と微調整が必要になってきます。

絶対成功する商品開発とウェブサイト構築

商品開発のチェック項目

越境ECで成功する可能性が高いD2Cに適した商品の条件を次頁の表にまとめました。

まず、高い独自性が求められます。

たとえば「独創的な商品デザインである」「高品質の素材を使っている」といったことは大きなプラス材料になります。また「日本製品は高品質で丁寧に作られている」といわれていますがそれに相応する品質とその品質に対する信頼性に応えられる商品となっていることも大切です。

加えて、日本の伝統的な文化が感じられる商品やクールジャパンを象徴するような商品であれば海外での受けは、さらによくなります。さきに紹介したBENTO&COの販売する弁当箱のように海外には存在しない日本のユニークな商品が求められるのです。またヘルス&ビューティーについてウエルネスやビューティーに力点が置かれた商品開発もプラスです。

革新性・テクノロジーも求められます。

たとえば日本のスポーツ用品などは高品質で職人芸が凝縮されて高いレベルにあると評価されています。また個々の要望に応じた丁寧なカスタマイズも人気があります。

エコフレンドリーについても、地球環境に対する姿勢をアピールすることで海外のユーザーに強く訴える好材料になります。商品の原材料や容器・包装材料の選定に独自の基準を設けることもプラス材料です。

(図)越境EC商品設計のチェックリスト

チェック項目	チェック内容	ポイント
独自性・ユニークさ	日本固有のデザインや機能	
	他にはない独特の特性や魅力	
高品質・信頼性	優れた品質と耐久性	
	日本製品に対する信頼性と評価	
文化的価値	日本の文化や伝統を反映	
	文化的背景や物語がある商品	
革新性・テクノロジー	先進的な技術や革新的なアイデア	
	テクノロジーを活用した製品	
エコフレンドリー	環境に優しい素材や製造プロセス	
	持続可能な製品	
ヘルス&ビューティー	健康や美容に関連する製品	
	ウェルネスと美容意識の高い商品	
カスタマイズ可能性	個々のニーズに合わせたカスタマイズ	
	様々な好みや要求に対応	
地域別対応	地域別のニーズや嗜好を考慮	
	多言語対応や地域特有のマーケティング	
トータルコーディネーション（総合評価）	越境ECとしての必要十分条件	

日本とは異なるウェブサイト構築の方針

　海外ウェブサイトの構築については、ターゲット市場の言語や文化的ニュアンスにあわせて現地対応をしっかりと行う必要があります。

　まず競合サイトをリサーチします。検索サイトにキーワードを入力して競合商品などをチェックします。

　競合他社の動向などを調査する定評のある分析ツールに「シミラーウェブ」（https://www.similarweb.com/ja/）があります。

　シミラーウェブを活用することで消費者行動とオーディエンスのインサイトを把握できます。競合サイトのトラフィック状況やユーザーの興味・関心などのトレンド分析も可能です。コンバージョン率の高いデジタルファネルを特定する機能も持ち合わせています。

　デジタルファネルとは、顧客が製品やサービスの購入に至るまでの過程を表すモデルです。ファネルとは、潜在顧客が最初にブランドや製品に触れる瞬間から、購入を決定し、最終的にロイヤルな顧客になるまでのさまざまな段階を示すことを指し、シミラーウェブの活用でオンラインでの顧客の行動を把握できます。

　商品開発とあわせて商品のネーミングについても細心の注意を払います。というのは日本と海外で異なる文化差が表現にも反映されることが多く、日本ではポジティブな意味合いのワードが海外ではネガティブなイメージを持たれていることもあります。

　海外サイトのデザインについては画像や写真を中心にした直感的に意味合いやイメージが把握できるようにします。

原価計算をふまえての緻密な価格設定

価格についても十分なリサーチが必要です。

ターゲットとする市場の状況、競合他社の価格設定、消費者の購買力などをリサーチして、市場に適した価格を設定しなければなりません。

さらに為替レートについても考慮しなければなりません。国際情勢の変化を受けて、円安傾向が円高傾向に変わることも少なくありません。したがって、適時、価格を定期的に見直し、為替レートの変動に合わせて調整する必要もあります。

また、費税、付加価値税（ＶＡＴ）、関税などの各国の税制に準拠した価格戦略も必要です。税制に関わるコストを価格にどのように反映させるかを検討しなければなりません。

そして越境ＥＣのキモともいえるのが物流コストです。

物流コストには海外配送に加えて、発送、在庫管理、受注処理などもかかります。また国際配送のコストは地域によって大きく異なります。

販売が好調でも物流の負担が大きければ、利益を確保できないという事態が発生しかねません。物流コストは売上高比率で5〜10％以内に抑えたいところです。

そしてこれらの諸コストを考慮した価格設定が求められます。

なお価格を全世界同一にする必要はなく、地域ごとに異なる価格設定を行うことも検討しなければなりません。地域による購買力の違いや競合状況を反映させた価格設定が必要になるのです。

加えて、原価計算とは別に心理的な側面からの価格設定も行います。例えば末尾を8や9にするなどの工夫をするのです。

販売チャネルの考慮：オンラインマーケットプレイスや自社サイトなど、

販売チャネルごとに適切な価格設定が必要です。

　価格設定にあたっては、プロモーションやディスカウントなどを実施するタイミングやサブスクリプションの導入や推奨も考慮しなければならないでしょう。

カスタマージャーニーの最適化

　D2Cに越境ECを組み込んだかたちで成功させるには、たんに商品を販売するだけに留めず、商品という「モノ」を販売するというところから「商品を購入したあとにその商品を使いこなし再購入したりアップグレードされた商品を検討し、購入し、楽しみ、それを評価したり、フィードバックする」といったように「コト」を楽しむということが必要になってくるのです。それが充実した顧客体験ということになります。

　そうした顧客体験を積み重ねて、「モノを買うこと」を「コトを楽しむこと」に進化させていくのがカスタマージャニーということになります。

　リアル店舗での販売の場合、カスタマージャーニーのかなりの役割はVMD（ビジュアルマーチャンダイジング）、すなわち店舗での視覚的な商品展開によって補うことができます。顧客は視覚的にコトを楽しむイージを増幅させていくことができるのです。

　しかし、ECの場合、VMDのかなりの部分はインスタグラムなどの画像イメージやストーリーで代替することになります。したがって、ウェブサイトの構築やSNSの重要性はさわめて高いといえるでしょう。

　加えて越境ECの場合、多言語対応のカスタマーサポートが求められることになります。ウェブサイトやアプリのユーザーインターフェースを地域

のユーザーに合わせて最適化し、使いやすさを確保することも重要です。

　さらにいえばSNSのレビューや「いいね」もカスタマージャーニーの最適化を目指す流れのなかで重用されていくことになります。

　レビューについては正直で透明なレビューを公開することで、新規顧客の信頼を得ることができます。悪いレビューでも対応が丁寧かつ適切であれば顧客サービスの高い質を示すことができます。

　積極的にレビューを促し、顧客コミュニティの構築をサポートする必要もあります。顧客が商品について話し合い、顧客体験を共有することで、ファンコミュニティが生成されます。

　さらにいえば、レビューから得られるデータを分析し、顧客の嗜好や動向についてのインサイトを得ることもできます。

　異文化に対応した商品開発を実践することに加えて、その商品の魅力を最大限に引き出すためにはUXやカスタマージャーニーの最適化も求められることになります。

「ホラーストーリー」の活用も検討

　通常の販売促進やカスタマージャーニーの王道的なアプローチでは「サクセスストーリー」が重視されます。「この商品を購入すればこれだけのよいことがある」といった方向で販売促進が行われます。しかし、「こんなメリットがある」ということを力説しても、「すでに満足している」「そのメリットは別の商品でも享受できる」といった感想を持たれることも少なくありません。

　実際、理想のカスタマージャーニーを提案することは意味のあることです

が、それだけでは売上向上には結びつかないケースも少なくないのです。

　そこでサクセスストーリーの代わりに「ホラーストーリー」を紹介することで顧客にアプローチしていくという選択肢が考えられます。D2Cにおける「ホラーストーリー」とは、顧客を自社の商品に惹きつけるために、顧客が抱えている恐怖、不安や課題などを指摘することです。

　ホラーストーリーを活用することで、顧客からの問い合わせが大きく増えることが期待されます。現状における不安や心配を指摘し、そのソリューションが提案している商品であることをほのめかしていくのです。

　ホラーストーリーを紹介された顧客は、現状の課題や問題点を強く認識することになるので、解決策を求めてきます。たんに十分に満足感を得られる理想的なカスタマージャーニーが展開されるよりも、サイトに問い合わせが増える傾向にあるようです。

　たとえば、「カロリー計算をしっかり行い、栄養バランスのよい食物を摂らなければ、生活習慣病などを引き起こしてしまう」といったシナリオを提案されると顧客は不安を感じることになります。

　そうなると顧客は「自分にはきちんとカロリー計算ができない」「栄養バランスのよい食物やメニューがわからない」「すでに生活習慣病などを引き起こしているのではないか」といったことを心配することになります。サイトに問い合わせもしてくることになるでしょう。そこで、「カロリー計算も栄養バランスも心配ない。生活習慣病も防げる。当社の商品はそれらすべての課題をクリアできる」といった提案を行います。顧客は不安が払しょくされると同時に商品に大きな期待を持つことになるのです。

　もちろん、ホラーストーリーは商品選択のプロセスだけではなくビジネスプロセスの各所で活用できます。

たとえば、出荷や配送において「出荷が遅れると大切な人への気持ちが伝わりません」「配送が滞ることで必要とする期日までに間に合わなくなり、関係者に迷惑がかかります」といったことを指摘し、「当社の出荷、配送ではそうした懸念を抱くことなく、無事にお届けできます」とアピールすることで、不安を抱える問い合わせに安心感を与えることができるのです。

事実以上の不安を煽ることはさけなければなりませんが、適切なかたちでホラーストーリーを紹介することでリピート顧客を増やすことも可能になるのです。

お金をかけないネットショップ設定

越境ECを視野に入れたD2Cのネットショップの設定についてポイントをまとめておきましょう。

D2CではSNSなどをフル活用しながら自社サイトにユーザーを誘導し、直取引を行います。

これまで解説してきたように、D2Cのウェブサイトにおいてはショップコンセプトを明確化したうえで、ターゲットオーディエンス、ターゲット顧客を設定し、顧客が商品を楽しめるカスタマージャーニーを明示します。

サイト名、ドメインを決めて決済機能を加え、ショッピングカートシステムなどを導入します。さらにトップページ、全体のページ構成を決めて、商品の画像も用意します。ユーザーはトップページにアクセスするとまず画面の中央、それから左上に目線を移し、以後、順に目線を落としてスクロールしながら読み進めます。この一連の流れにストレスを与えないようなデザインとします。

これら一連の手続きは外部に発注しても構いませんが自社で構築する

ことも難しくありません。WordPressやShopifyを使って自力で制作することは可能です。

　ただし、WordPressの場合、「セキュリティがやや脆弱である」という見方をする人もいます。ただしこれは利用者が非常に多いということに起因する問題で、ログインキーワードの見直しやレンタルサーバーのセキュリティ対策を活用することで防御機能は相当に向上します。また利用してないテーマやプラグイン（アプリケーション機能拡張）はこまめに削除するようにします。

　Shopifyの場合、EC制作代行サービスを活用した場合、基本機能だけ（スモールスタート）ならば50〜100万円程度ですが本格的なECサイト（フルカスタマイズ）ならば、500〜1000万円は見ておきたいところです。

　またShopifyに月額使用料も払わなければなりません。

　ただし、Shopify専門のEC制作代行サービスを行う会社も出てきていて、サブスク方式で毎月数万円の使用料を払っていくかたちで高額な初期費用を回避できます。

　サイト作成にもかなりの時間がかかることを覚悟しなければなりません。基本機能だけならば2〜3か月でサイト構築は可能ですが、フルカスタマイズとなると、サイト構築には少なくとも6か月はかかると考えておく必要があります。

　したがって初期費用を可能な限り抑えたいということであれば、WordPressかShopifyで基本機能のみを揃えたスモールスタートで事業参入するということになるでしょう。Shopifyについても自社スタッフで構築できるならば、サイト制作コストを20〜30万円程度に抑えることが可能になります。

YouTubeなどの動画で手取り足取りに近いかたちでShopifyも
WordPressもサイト構築の手順、方法が解説されているので、自社制作
に取り組んでみるのも一法です。

必ず勝てるD2C戦略の基本方針

　通常の越境ECで海外の大手モールを介して通販を行う場合、類似商
品が多く、他社との差別化に苦労することが少なくありません。したがって
商品販売の方針としては既存の大手モールで販売しにくい商品を中心に
ラインナップを組むということになります。

　一般的なEC市場の売れ筋商品は「実際に見なくても商品の特徴や機
能、特性が把握しやすい商品」ということになります。これらの商品は販売
ネットワークの強弱がそのまま売上高に反映されることになります。そこで
越境ECにおけるD2Cではこうした既存のタイプの商品を避けるというこ
とが大切になります。つまり、「実際に見て見なくては商品の特徴や機能、
特性がわかりにくい商品」がD2Cとしてのアドバンテージを得るというこ
とになります。

　加えていえば、競合商品がリアル店舗のみ、あるいはリアル店舗中心で
販売されていて、EC事業展開が遅れているような商品ならば、さらに競争
優位な立場を維持できます。

　というのは、EC展開することで先述したインサイト分析などのデータ解
析が容易に行えるようになるからです。リアル店舗中心のビジネス展開で
は直感的な判断の連続を余儀なくされます。しかし、D2C型のビジネス展
開ならばデータ駆動型の合理的な決断が可能になるのです。

またサブスクモデルを実践しやすい商品であるということも重要です。LTVの最大化を目指す必要もあるのです。

　たとえば、フィット感が重視されるカスタマイズされた靴や大手モールの画像だけではイメージしにくいハンドメイドのバッグなどは市場がニッチだけに大手モールでは競争力は弱くなります。

　また画像だけではイメージできない商品ならば、EC化が遅れてきた可能性がきわめて高いといえましょう。また汎用性が低いために大手モールが手を出しにくい商品とも考えられます。D2Cにより、従来市場を駆逐し、一挙にマーケットを制圧することも可能なのです。

　さらにいえば競合商品がEC市場に少なく、これまでに複雑な流通構造が確立されていれば、直接取引を行い、サプライチェーンを一新することで競争優位が確立されることになります。

　加えて、業界全体がSNSを活用することが少なく、旧媒体であるテレビ、新聞などに広告を依存しているならば、勝機も大きくなります。

　一般的に商品ラインナップは日本の方が海外よりも充実しているといわれています。したがって、マスプロダクトの上位互換商品、すなわち、「売れ筋商品よりもワンランク上のカスタマイズ商品」というコンセプトを商品展開の基本とするのです。

　日本起点のD2C型越境ECでは円安という追い風もありますが商品を価格競争で売り切るのではなく、マスプロダクトをカスタマイズすることで付加価値を高め、利益率の高い商品を取り扱っていくことを目標とするべきなのです。

越境ECにD2Cを組み込んだ失敗しない集客戦略

D2Cサイトの構築支援ツールの1つにecforceeがあります。

ecforceeを活用することによりウェブデザインの洗練性を高めることができますが、あわせてEC基幹システムを導入して、効果的なサイト構築を構築し、業務負担を大きく軽減することが可能になります。

越境ECでは、異なる通貨による決済や国際配送、外国語によるオーダーへの対応など、国内D2C企業にとっては新たな業務負担が発生してきます。

サイト構築にあたって、そうした課題を1つずつ解消してことが必要になりますが、アウトソーシングすることで負担軽減を図る企業も少なくありません。

そして効果的な越境EC対応のD2Cサイト構築に、ecforceを活用するという選択肢があるのです。ecforceにより自社ECサイト越境対応ツール「Buyee Connect」と連携し、初期・月額費用/手数料0円でサイト構築を行うことができます。

ちなみにBuyee Connectを用いることで、ECサイトのプログラムにJavaScriptタグを1行挿入し、カートを設置、開設できるようになっています。

ecforceの基幹システムにでは顧客の購買データだけではなく、それぞれの顧客特有のパーソナライズデータを提供できます。

顧客の購買・消費行動にあわせてアップセル、クロスセルのオファーを適時、行うこともできます。

アップセルとは、顧客が購入した商品よりもより上位の商品を提案して購買を薦めることです。「こちらの商品よりも別の商品のほうがグレードが上でお得です」と提案できるのです。アップセルにより客単価を上げることが可能になります。

さらにいえば、たんに商品を示すだけではなく、無料試用期間やキャンペーンを提案したりするのです。

　また、クロスセルとは顧客が購入を検討している商品と関連する商品を提案することです。それにより客単価を上げることを狙うわけです。アップセル、ダウンセル、クロスセルを適時、オファーしていくことで、LTVを向上させていくことができるのです。

　さらにセット販売機能もあり、商品の詰め合わせをマイページなどで自由に変更することも可能です。

　ただし、サイトを訪問してくるユーザーが買う気満々ということは少なく、購入を検討する途中で多くの場合、サイトから離脱するケースがほとんどなのです。

　そこでecforceではサイト離脱に心が動いている状態のユーザーに特典となるクーポンなどがあることを知らせるポップアップを表示できる機能を備えています。

　ポップアップを表示して、ユーザーのサイト離脱を防止していくのです。

コンバージョン率の向上に貢献するしくみ作り

　ecforceではデータ分析を行う機能が多く搭載されています。

　ユーザーの離脱を回避するしくみとして、購入までのクリック数を可能な限り少なくする必要もあります。

　そこでecforceには購入確認画面をスキップして、会員でなくても1クリック決済が可能なしくみが提案されています。

　また、ecforceでは媒体ごとに専用の広告タグコードを設定した広告URL

を発行できます。

　そして広告URLごとにCVR（コンバージョン率：コンバージョン数÷セッション数（またはクリック数など）×100）を分析できます。

　なお、コンバージョン率とは、サイト訪問者のうち、どれくらいの割合の人が資料を請求したり、商品を購入したりするかを表す計数です。

　サイト訪問者がいくら多くても、資料請求が少なかったり、商品購入に結びついていなかったりすれば、広告の持つ意味合いは小さくなります。コンバージョン率を知ることで、いかにその報告が効果的に制作されているのかを知ることができるのです。

　一般的にリスティング広告をクリックすると、その商品の企業サイトや個人のアフィリエイトサイトに飛ぶようになっています。

　検索で上位に来なくても、リスティング広告を活用すればネット消費者を集められるわけです。

　さらにいえば、リスティング広告で面白いのは、その広告をクリックした人がどのくらいの割合で実際に商品を購入しているかということまで、統計的に分析できてしまうということです。

　そしてそれがコンバージョン率になるわけですが、この計数をもとに検索キーワードにかかるリスティング広告料金も決まってきます。

　たとえばコンバージョン率が高ければリスティング広告料金も高くなります。

　もちろん、それだけ確実に商品は売れるという判断からです。検索のキーワードとリスティング広告の効果を考えながら、「購入した検索キーワード」に見合った広告料金を払っていくのです。

　なお、リスティング広告は1クリック単位で課金されるシステムがとられ

ています。月極め広告とは異なります。

　検索キーワードが入力されて、画面に広告が表れてもそれだけでは広告料金は発生しません。

　クリックされて初めて料金が発生するのです。

　たとえば資料請求を増やすことを目的とするリスティング広告の場合、ホームページ訪問者のうち何人が実際に資料を請求したかの割合を示す計数がコンバージョン率になります。

　また、新規顧客のうち、どれくらいの割合でリピート客となるのかというリピート率（継続率）についても把握できます。

　リピート率が高ければ。LTVも向上し、事業の成長にも大きなプラスになります。

　あわせて、広告のAパターンとBパターンのどちらが好ましいかを図る広告URLのA／Bテスト機能にも対応しています。

顧客満足の実現をサポート

　ecforceでは、さらに1つの画面で顧客の基本情報、受注情報、問い合わせ情報などについて、対応できようになっています。

　オペレーション自動化機能もあり、メール送信などを自動で行うことが可能です。ecforceのショップ内で利用できるクーポンを発行することもできます。

　ecforceによるサイト開設・ビジネスローンチのプロセスは次のようになります。

　ここでは概要を説明しますが、詳細はecforceのホームページで確認で

きますので、そちらを参照してください。

管理画面の基本設定

　まず、ドメイン登録事業者を介して、ドメイン、サーバーを準備します。ドメイン名は企業や商品を連想させるわかりやすいドメインがよいでしょう。

　あわせて、決済代行を行うクレジットカード決済代行会社を選定します。

　以上の準備を終えて、ecforceの管理者向けのログイン画面が発行されたら、メールアドレス、パスワードを入力して「Start」をクリックして設定を開始します。

　サイドメニューで詳細を設定します。

　受注管理画面で定期受注情報の管理や編集を行い、出荷報告データのインポート、売上処理を行います。

　顧客管理画面で顧客情報の管理や編集を行います。重複顧客管理（類似した複数顧客データの統合）、入荷連絡待ちリスト、お問い合わせ管理などが可能です。

　マーケティング管理画面では広告主管理（広告主の作成や管理）などを行います。

　商品管理画面では、商品管理、在庫管理、入出庫管理、レビュー管理、セット販売管理などを行います。

　分析管理画面では、売上集計、定期継続率分析などを行います。

　ショップ管理画面ではテーマ管理（ショップページのデザイン設定）、ページ管理、ニュース管理などを行います。

販売準備

サイトの基本的な設定を終えたら、販売準備を行います。

商品名、価格などを画面に設定し、カートに商品を入れられるようにします。

購入全般の動作設定として、購入フォームの設定、EFO（入力フォーム最適化）、商品発送の事業者設定、受注（発送予定日までの間隔と発送予定日の設定）、販売ページの設定（ランディングページやショップページの作成）、キャンセルなどを設定します。

さらに広告代理店への成果通知やテスト購入なども必要にあわせて行えるように設定します。

出荷準備

受注後の出荷に関する一連の流れを確認します。

倉庫とCSVで受注データ（出荷指示データ）のやりとりの準備として、出荷のための受注データのCSV出力や受注の売上処理、必要に応じての受注後の発送予定日／配送予定日の変更、支払い方法の変更、キャンセルなどを行えるようにします。

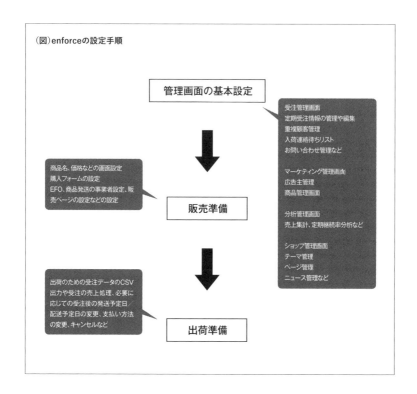

（図）enforceの設定手順

管理画面の基本設定

受注管理画面
定期受注情報の管理や編集
重複顧客管理
入荷連絡待ちリスト
お問い合わせ管理など

マーケティング管理画面
広告主管理
商品管理画面

分析管理画面
売上集計、定期継続率分析など

ショップ管理画面
テーマ管理
ページ管理
ニュース管理など

商品名、価格などの画面設定
購入フォームの設定
EFO、商品発送の事業者設定、販
売ページの設定などの設定

販売準備

出荷のための受注データのCSV
出力や受注の売上処理、必要に
応じての受注後の発送予定日
配送予定日の変更、支払い方法
の変更、キャンセルなど

出荷準備

リピーターを増やすCRMのしくみ作り

　成功するECサイトの条件として、「顧客満足を実現するためのKPIを適切に把握できる」ということがあげられます。

　EC/D2Cでは前述したように継続率（リピート率）がきわめて重要になります。

　またCVRも高めていく必要があります。リピーターを増やすことでLTVを向上させていくことが大きな目標となるのです。それぞれの顧客との密

なコミュニケーションが大切になります。越境ECにも対応するということになれば多言語対応も求められます。

　そのためにはCRMを最適化して、サイトへのアクセス状況を分析したり、顧客のアクション（資料やDM）を関連付けたうえで把握する必要もあります。

　また、継続率を上げるためには顧客との密なコミュニケーションが不可欠となります。そこでたとえば、ecforceではチャット型対話フォームが用意されています。

　昨今のECサイトは「たんにサイトを見栄えよく構築する」というだけではうまくいきません。

　ブランドイメージに沿った洗練されたサイトデザインや各種ツールの使いやすさなどは必須ですが、それだけではなく、デジタルマーケティング、webマーケティングなどを戦略的に展開し、詳細な顧客インサイト分析を進めていく必要もあるのです。

Chapter *6*

［第6章］

顧客サービスの充実に
不可欠なロジスティクス

　本章ではD2Cにおける在庫管理、受注から検品、出荷に至るフルフィルメント業務、返品・修理などの静脈管理、ラストワンマイルにおける消費者への配送などについて解説します。

　D2C成功のキモとなる物流・ロジスティクスの考え方や基本業務の流れ、ポイントをわかりやすく説明します。

在庫のさじ加減で収益性が大きく変わる

D2Cにおいて在庫は。在庫管理の良し悪しは商品競争力にも大きく影響します。

商品競争力を強化するには、在庫管理の効率化を側面から支援する物流ネットワークの導入も必要になります。

発注、出荷から保管、検品・梱包、店舗・販売までの一連の商品管理体制を物流ネットワークにリンクさせるかたちで構築する必要もあります。

そこでそうした流れを受けて商品・物流管理をウエブ上で効率的かつ低コストで行えるクラウド型WMSが市場シェアを広げてきています。たとえば、ecforceではアパレル向けのWMS（倉庫管理システム）として定評のあるロジザードとの連携が可能となっています。

商品管理と物流管理の双方を充実させるためには責任者を明確に定めておくことも重要です。

責任者、担当者がどの部署のだれなのかということをはっきりさせておく必要があるのです。

できれば生産・販売を一貫させたトータル物流システムの構築とともにトータル商品・在庫管理体制を構築したいところです。

D2C事業者が商品を管理するには商品の販売予測、在庫計画、現物管理、情報管理が必要になります。商品だけでなく原材料、部品、半製品などの在庫計画、現物管理、生産計画、情報管理も重要です。ECでは商品がウエブ上で一元管理されます。。

また、商品在庫を最小限に保つには「短リードタイムによる需要予測の精度向上」も大きなポイントになります。

需要予測の精度を高め、販売計画、生産状況、在庫状態のバランスをリ

アルタイムで連携し、全体最適をはかるシステムを構築するのです。部門ごとに完結したシステムではなくサプライチェーン全体の情報が可視化されていることが望ましいでしょう。

　そして商品需要の変化に対応するために生産計画や販売計画に柔軟性を持たせることで商品在庫の適正化を推進するのです。

ABC分析の導入で戦略的な在庫管理

　商品を戦略的に管理するうえで「ABC分析」の理解と導入も欠かせません。商品ごとに売上高・出荷量などを把握し、全体に占める各商品の売上高・出荷量などの割合を出す分析方法のことを「ABC分析」といいます。

　ABC分析では、一般的に全体の70〜80％割出荷・売上を占める商品をA品目（高頻度品）、10〜20％程度を占める商品をB品目（中頻度品）、残りをC品目（低頻度品）とし、売れ筋の商品に在庫を絞るといったやり方がとられます。

　分類ごとにカテゴリー、アイテム数を管理することで在庫環境を向上させるようにします。

　ABC分析を行ったうえで注意したいことのひとつに「B品目、C品目の在庫管理をどうするか」ということがあげられます。

　A品目は出荷頻度が高く、定期的に必要量を補充していれば大きな問題は生じないでしょう。

　しかし、B品目やC品目の商品については慎重に対処しないと在庫が過剰になるリスクが出てきます。「いかにBC品目を管理していくか」ということが商品管理のポイントともなってくるわけです。しかも必然的にBC品

目は多くなります。

　商品のライフサイクルも見極める必要があります。売れ行きが落ちてきている商品については注意が必要です。商品の陳腐化が進行すればあっという間に不動在庫、不良在庫になる恐れがあります。

　商品の出荷量、売上高など現状を局部的に分析するのでは十分な分析とはいえません。「新商品なのか」、「売れ行きが伸び続けている商品なのか」で在庫管理も発注方法もまったく異なるでしょう。「安定して売れているのか」、「売れ行きが落ち込んできたのか」といったことを把握することで適切な商品管理ができるようになります。商品が導入期、成長期、成熟期、衰退期のいずれかにあるかで商品の在庫戦略も大きく変ってくるのです。

　あわせてD2Cの商品管理を考える場合、その在庫管理の特殊性についても理解しておく必要があります。

　ファッション関連商品などのように流行の目まぐるしい商品を販売する

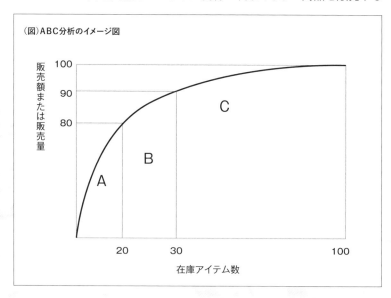

（図）ABC分析のイメージ図

販売額または販売量

在庫アイテム数

場合、品ぞろえを充実させることが重要になります。

　サイト上の商品ラインアップをつねに最新のものにして、流行商品を迅速に提供できるしくみを築き上げておく必要があります。

　商品のライフサイクルはますます短くなる傾向にあります。「人気商品だから」「よく売れるから」といった理由でOEM生産しても、社会状況の変化や競合他社の新製品発売の影響で、突然、商品が陳腐化する危険もあります。そうなれば商品はまったく売れなくなってしまうかもしれません。

　「商品の旬は思うよりも短い」ということを肝に銘じて商品・物流管理を行う必要があるのです。

D2Cの成否に繋がる在庫切れ・欠品、在庫差異対策

（1）欠品・在庫切れ

　欠品が多ければEC物流では大きな販売機会ロスにつながることがあります。欠品によるダメージを解消するためのリカバリーコストも無視できません。

　欠品率（欠品件数÷受注総件数×100）が高くなれば早急に改善の手を打たなければなりません。可能な限り0％に近づけるように求められることもありますが、最低限の目安として欠品率は5％以下に抑えたいところです。

　在庫状況がまったく考慮されずに受発注が行われると、欠品が発生しやすくなります。生産計画の遅れも欠品を誘発します。入庫・棚入れの処理ミスなども欠品の原因となります。

　やむをえず欠品が生じた場合には納期に対する迅速な回答が望まれます。「欠品をいつ頃、納めることができるのか」という欠品・在庫切れの

納期について迅速に回答する必要があるわけです。

　「とりあえず推測できる目標納期を回答するがその納期通りとなる保証はまったくない」といった状況は避けたいところです。

（2）在庫差異

　出荷指示を受けてから依頼内容にあわせてパソコン上で段取りを組み上げます。顧客別、商品別の出庫指示リスト、納品書などが自動的に印刷、発行されます。物流センターではそれにあわせてピッキング作業が行われます。

　しかしその際に実在庫と在庫台帳が合わなくなることがあります。たとえばアイテム数は多いものの、個々の取扱数が少ないケースなどではとりあえず伝票処理を行わず出荷してしまうことがあります。その場合、事後処理を忘れてしまうと「在庫が合わない」というケースが出てくるわけです。特急品などの急ぎの出荷処理については必ず事後処理をなるべく早い時点で行うように作業者の意識を徹底させておく必要があります。

　そしてこうした在庫切れ・欠品の回避を念頭に「毎日の売上データをリアルタイムで分析し、綿密な需要予測を行い、取引先に自動発注を行う」というシステムの構築がさまざまな業種業態で求められる傾向が強まっています。業績が好調で売上高が増加すれば、必然的にアイテム数も増えることになります。そうなればリアルタイムで迅速に在庫状況を照会できる、これまで以上に高度な在庫管理システムの構築が必要になってくるわけです。得意先別、荷主・ユーザー別などの緻密な在庫管理機能や欠品制御機能、適正在庫量維持機能などの重要度も上がってきます。

　したがって、在庫管理についてはクラウド型の在庫管理システムなどを活用して、商品別の在庫回転数、在庫回転期間、トータル在庫日数、廃棄

処分金額などのデータを自動集計し、リアルタイムで数値化、可視化することで在庫削減への道筋を明確にしていく必要もあります。

顧客の大きな信頼につながる差別化されたフルフィルメント

D2C事業では相次いで高度なフルフィルメント（庫内物流業務）業務も求められます。

フルフィルメント業務の詳細を把握していなくても外部委託すればD2Cの実務の遂行には影響はないかもしれません。しかし、フルフィルメント業務の詳細がブラックボックス化してしまうことで高コスト化するリスクも出てくるのでここでは概要を理解しておきましょう。

「フルフィルメント」とは、英語で「遂行」とか「達成」という意味ですが、物流で用いる場合は、受注から商品発送、在庫管理、入金管理、さらには返品管理・クレーム処理などのアフターサービスまでの庫内外での一連の業務の戦略的な流れを指します。

フルフィルメントセンターでは顧客満足度の向上や付加価値サービスの増加に力点が置かれています。高度な情報システムが導入され、労務管理、作業管理の徹底などによる運用コストの低減、在庫レベルの引き下げが図られているのです。

さらにここにきてDXとのリンク、無人フォークリフト、AGV（無人搬送車）の活用などによる無人化の推進も進み、SCMの高度化の司令塔となっています。

なお、スタートアップ企業などの場合は、基本的に物流はアウトソースということになるので、物流センター運営はフルフィルメント業務やラスト

ワンマイルは物流・宅配便事業者の手を借りざるを得なくなります。

　このよう近年発達してきたフルフィルメントセンターですが、ここにきて、マイクロ化の傾向も出てきています。消費地近郊にマイクロフルフィルメントという小規模な拠点も出てきているのです。

　インターネットと同じ速度で回転することが要求されるネット通販物流では大規模物流センターからの直送よりも、消費地に近い拠点からのクイックなデリバリーが求められることが多くなります。そしてそれに対応した小ぶりな物流拠点がマイクロフルフィルメントセンターということになるのです。

　さらにいえば、マイクロ化されたフルフィルメント業務はサプライチェーンのデジタルプラットフォーム上で企画・開発、生産、流通などの各領域とAPI（アプリケーション・プログラミング・インターフェース）を介して結び付けられることになります。

　ちなみにフルフィルメント業務を分散管理しても、クラウド上での情報共有が可能となっていることから、全体最適に支障の出るようなかたちにはなりません

　工場についても、無人化が進めば、マイクロファクトリーが主流になり、大規模な労働力に頼るのではなく、完全自動化、無人化された設備で合理的かつ効率的なOEM生産体制が取られるケースがこれまで以上に増えていくことになるでしょう。

　サプライチェーンのデジタル化が進めば、それにあわせてマイクロ化のトレンドも色濃く出てくることになりそうです。

成功する物流実務の大枠

　物流の月次計画は、それまでの月の生産計画、販売計画、在庫計画、出荷計画などの予測をふまえて作成します。

　営業部と協議し、販売実績や受注・引き合いの状況を分析し、販売予測を精緻に行い、月次レベルでの在庫量や出荷量を予測します。

　月次計画は取り扱う品物の特性により、月ごとに変化します。これは物流オペレーションが季節変動、流行変動、催事要因などの影響を大きく受けるからです。

　夏場に出荷が多くても冬場は出荷量が半減する製品もあるでしょう。また、何かのきっかけでブームとなり、急に売れ行きが伸びる製品やバーゲンなどの影響を大きく受けるアイテムもあります。

　すなわち、毎月の出荷量が必ずしも一定ではないことを十分に考慮して、月次計画を立てる必要があるのです。

　また、「月末になると出荷量が増える」、「週末になると売れる」、「お昼時に購入者が集中する」といったような週間変動、曜日変動、時刻変動などの影響にも配慮しなければなりません。

　「月次計画を立ててもほとんど毎月、変化がないのではないか」といった考え方は禁物です。

　なお、月次計画はあくまでその月間の物流スケジュールの目安に過ぎませんから、状況によって大きく変化することも想定しておかなければなりません。月次計画をふまえて、さらに緻密な週次計画、日次計画、タイムスケジュールを組み立てていくことが必要になるわけです。

　たとえば、実際の受注が1週間前に入ったとすると週次レベルから逆算して、日次レベルへと出荷計画、配送計画などの落とし込みを図る

ことが必要になるのです。

タイムスケジュールの策定手順

　フルフィルメントセンターの日次計画(タイムスケジュール)については入荷業務、出荷業務を軸にタイムスケジュールを作成します。たとえば、午前7時から午後21時までの時間帯について1時間ごとに、どのような業務が行われることになるのかを表にまとめ、それに基づき人員配置を行います。物流センターの従業員全員がどのようなタイムスケジュールで行動するのか情報を共有できるようにします。

　タイムスケジュール表の項目は入荷業務、出荷業務などのセクションごとに整理します。

　入荷関連業務については、入荷作業、入荷検品、返品処理、棚入れ(格納)、在庫、棚卸しなどを主たる項目とします。

　出荷関連業務については、受注業務、出荷指示、ピッキング、店別仕分け、納品書・納入明細書、値札付け、物流ラベル、出荷検品、梱包、配車、送り状、出荷待機、積込み、配送、出荷確認、棚補充などについてタイムスケジュールを作成します。

　なお、人員配置については、たとえばピッキングリストの枚数など、業務状況をヒヤリング調査などで把握、分析し、適正な人員数となるように工夫しましょう。

　ピッキング総人数、検品総人数、梱包総人数などを日次レベル、月次レベルで押さえておきます。時間帯別の入荷量、出荷量を把握しておけば、作業人員数を予測することが可能になります。

また注意しておきたいのは、ブラックフライデーなどのイベントのために出荷量などが予想以上に多くなってくるケースです。

　本来はそうしたことがないように営業部などとイベント情報については十分に情報共有を行えるシステム作りを作り上げておくことが望ましいのですが万が一のケースに備えて、ある程度の緊急サポートに対応できるシフトを考えておく必要もあります。

　日々の出荷データ（出荷指示書行数、出荷ケース数、送り状の枚数など）や入荷データ（入荷検品行数、入荷ケース数など）については日報にまとめます。

　月ごとに平均値、最小値、最大値を記録し、作業のムラをなくすための平準化したり、ピーク時に対応できる体制を整えたりすることができるようにします。

　配送については、どの時間帯にどの配送会社が集荷に来て、どのエリアにどれくらいの物量を配送するのかを把握して、出荷量をケース単位でつかんでおくことが望ましいでしょう。集荷時間のタイムリミットも正確に把握しておくようにします。

　あわせて主な運送会社ごとに集荷時間帯と対象地域・出荷先、出荷ケース数などを表にまとめておくと便利です。タイムスケジュールをしっかりと作成することが効率的な物流業務につながることになります。

　ちなみに物流の低コスト化とサービスの向上を同時に図ることは容易なことではありません。

　一般的に物流のサービスとその品質が高ければ、それにあわせて物流コストも高くなります。

　たとえば、「リードタイムの短縮を低コストで行う」という目標を立てれば、その実現のためには、どこかの部署、あるいは物流企業が大きな負担

を担うことになるでしょう。

　しかし、無理なダイエットが続かないように、コストダウンについてもどこかに大きな負荷がかかれば、やがてそのシステムは崩壊することになります。物流実務においてもその点を十分に考慮しておく必要があります。

　「これまでよりも短いリードタイムで、これまで以上に正確な時間に誤りなく物品を配送しようとすればそれなりのコストがかかる」ということしっかりと認識していなければならないのです。

　ヤミクモにコスト低減を図るのではなく、いかに物流に付加価値をつけていくかということも考えなければなりません。

　サービスの質だけではなく、範囲に注目してこれまで行われていなかったサービスを付加して付加価値を向上させることも必要です。どれくらいのレベルのサービスが必要とされているのか、どのようなサービスが求められているのかをきちんと掌握する必要があるわけです。適切なサービスを適切なかたちで適切なタイミングで提供するのです。

出荷に関するトラブルなどの回避

　出荷に関するトラブルは少なくありません。出荷がきちんと行われないということは、フルフィルメントセンターの物流品質の管理体制に問題があるということにもなります。

　万が一、出荷ミスが発生してしまった場合は、迅速に対応し、処理するようにしましょう。本来、納品されなければならなかった物品を即座に出荷、納入するようにします。必要ならば誠意をもって謝罪するようにします。

　主な出荷ミスをまとめておきましょう。

（1）誤出荷

　フルフィルメントセンター側の責任で納品ミスが起こる原因となるのが誤出荷です。ピッキングミス、検品ミスなどが原因で起こります。配送先は正しくても、アイテムや個数が異なってしまったり、段ボールなどに間違った送り状が貼られてしまったりするケースが考えられます。

（2）緊急出荷

　定期便や混載便に集荷時刻に間に合わなかった物品は別便により出荷されることになります。こうした緊急出荷は当然ながら割高になります。緊急出荷が多ければ、その対応に追われ、残業も必然的に増えることになります。配送費がかさむだけでなく、人件費や残業費も増えることになるのです。

　緊急出荷が多くなる理由としてはオーダー処理の遅れは締め切り時刻がきちんと守られないことなどがあげられます。

　オーダーを迅速に処理する体制が構築されれば緊急出荷はかなり減少するはずです。

　緊急出荷は、特定の顧客へのサービスのために行われることもあります。ただし、その場合も「過剰なサービスになっていないかどうか」ということを慎重に検討する必要があります。

（3）過剰出荷

　過剰出荷は想定外の返品を誘発する要因となります。
「欠品があっては大変なことになるから」、あるいは「まとめて出荷しておくほうが便利だろう」といった考えで必要以上に出荷すると業種によっては返品量が増大することになるのです。

返品は出荷元の運賃負担となります。返品量が増えることが輸送コスト増にもつながることになるわけです。

あくまで「必要な量を必要なだけ納入する」ということが物流の基本となることを肝に銘じておきましょう。

（4）未出荷

発注されているにもかかわらず、何らかの理由で出荷処理がきちんと行われず、そのために商品が発送されないということがあります。これが未出荷です。もちろん、そのまま放置しておけばいつまでたっても商品は納入先に届きません。伝票上では出荷されたことになっているのに実際には出荷されていないのです。きちんと受発注業務が行われていれば未出荷は発生しないはずです。

（図）出荷ミスの種類

項目	解説
誤出荷	出荷先となる荷受人を誤ること。D2C側が最も気にしなければならないミスの1つ
過剰出荷	注文個数以上に必要以上に出荷してしまう。数量ミスの出荷。概念に過小出荷がある。
緊急出荷	荷受人の急な要望により緊急に出荷しなければならないケース。やむを得ないケースもあるが、緊急出荷をなるべく発生させない受注体制の構築も求められる。
未出荷	消費者の注文に対してきちんと受注処理ができていない場合に発生することがある。

返品・修理などへの迅速な対応で絶対的な信用を勝ち取る

　D2C／ECサイトはいつでも気軽に商品を購入できる反面、実際に商品を手に取って確かめるということができません。

　そのため、消費者が「もし気に入らないときは返品・交換できるのだろうか」と不安を感じることもあります。

　そこで安心して商品を購入してもらうために「どのようなときに返品できるのか」という返品の基準やポリシーを明示しておく必要があります。

　さらに特定商取引法特定商取引に関する法律（「特定商取引法」）により、通信販売で商品などの販売条件について広告する場合、商品や権利の売買契約の返品特約の有無やその内容について表示する事項を規定することになっています。

　また、広告に返品特約がない場合は8日間以内ならば、商品を消費者負担で返品することが可能です。

　EC市場の拡大により、今後、これまで以上に返品・交換業務が増えることも想定されます。購入者に信頼される迅速で安全・安心な返品対応について、具体的な事例を交えてご紹介します。

　昨今は大規模プロモーションを展開しても新規顧客獲得の効果は薄いといわれています。したがってそれならば既存顧客、あるいは固定ファン層に効果的なアプローチを行うほうが得策ともいえます。

　一般に新規顧客と固定客の比率は8対2といわれています。固定客は全体の20％程度です。

　しかし、その20％ほどの固定客が売上高に占める比率は80％に及びます。いわゆるパレートの法則（2：8の法則）です。すべての顧客を平等に扱うのではなく、固定ファンを優良顧客と位置付け、差別化することで売

上高を伸ばしていくのです。

　言い換えれば、「固定ファンをいかに満足させるか」という視点からカスタマーサービスを充実させるということになります。

　そして固定ファンが信頼性を感じるカスタマーサービスとしてはアフターサービスはたいへん重要です。

　顧客満足は商品を発送してそれで終わりというものではありません。むしろ、大切なのはアフターサービスとなることが少なくありません。

　返品・交換への対応はその最たるもので、誠意をもって迅速かつ適切に応じることで固定ファンを増やしていくことが可能になります。

　返品をスムーズに迅速に処理することで、購入者は「このサイトでは万が一、気に入らない商品を買ってしまっても返品にきちんと対応しているから安心して購入できる」という気持ちになります。迷っているときでも簡単に返品できるということならば、「とりあえず購入してみよう」と考えるでしょう。そしてそうした利用しやすいサイトでの購入頻度も自然に増えていくことになります。また返品についてレビューなどで好印象のコメントが書き込まれることも期待できます。

　ただし、返品の処理は商品の発送プロセスに比べて、手続きが複雑で作業にも時間がかかります。しかも、返品の対応が遅れれば、レビューに否定的なコメントが書かれたり、「もうこのＥＣサイトからは購入したくない」といったネガティブな印象を持たれたりするリスクも出てきます。

　特定商取引法・割賦販売法により、商品の返品については返品特約の有無やその内容についてわかりやすく表示することが義務化されています。通信販売の広告に返品特約がない場合でも8日以内であれば返品も

可能になるのです。

　それゆえ、返品処理をいかに迅速に適切に行うかということはECユーザーの信頼を勝ち得るうえで重要になってきます。

　返品の理由としては、「誤って注文してしまった」「商品のイメージが考えていたものと違った」など、消費者の都合によるものと、販売をしているECサイト側が「異なった商品を誤って出荷してしまった」「サイト上の画像と販売している商品がまったく別のものであった」など、EC側に責任のある場合が考えられます。

　これまで消費者の都合による返品は認めないケースが多かったのですが、「消費者の都合の返品も認めることで集客や売上高を増やすことができる」と考えるEC事業者が増えてきているようです。

　ちなみに大きい米国ではすでに消費者の都合による返品を受け付けるのは当たり前のこととなっています。

(1)消費者の都合による返品

　消費者がECサイトから商品を購入し、自分の考えていた商品とは異なるなど、「返品したい」と考えた場合、返品したい旨の連絡をメールなどでしてくることになります。

　ECサイト側は購入者がどの商品を注文したかを確認します。商品確認に問題がなければ、返送を受け付けることになります。

　ちなみにカスタマーサービスの視点から返品の送料をEC事業者側が負担するケースも増えています。

　また商品購入の代金などの支払いがすでに済んでいれば返金方法を確認することになります。

商品が返送されてきたら、その商品が該当する商品かを確認したうえで、傷や使用の痕跡などがないようならば、再販売することになるでしょう。

　反対に使用された痕跡などが顕著に見られて再販売が難しいと判断すれば、リサイクルやリユースに回すなどの処分が行われることになります。

　経理処理も必要になります。返品に際しては、帳簿や伝票の修正も必要です。帳票については借方と貸方を逆に仕訳し直す「売上戻し」を行わなければなりません

　なお、返品処理に時間がかかった場合などには「期ズレ」（計上すべき期と違う期に計上してしまうこと）にも注意する必要があります。

（2）EC事業者の都合による返品

　購入者から「購入した商品と異なる商品が届いた」「サイト上の写真と実物が異なっている」「商品に破損、汚損などがある」「商品サイズ、寸法が思っていたのとは異なった」など、発送側に不手際がある場合、事実確認を行ったうえで、まずは丁寧に謝罪しなければなりません。

　このように返品に苦情が重なるケースは少なくありません。購入者であるお客様のクレームなどもしっかり聞いたうえで、クレームに対して言い返したり、反論したりせず、誠意ある対応をすることが、次のチャンスにもつながります。

　また、クレームのやり取りは電話にせよ、メールにせよ、必ず記録しておくようにしましょう。

　返品にあわせて交換する商品を発送しなければならないケースもあります。すぐに在庫を確認し、もし在庫がないようならば、補充発注の手配をしなければなりません。

そのうえで迅速に返品処理を行います。返送料についてはEC事業者が負担することが一般的です。

返品遅れの危険性を考慮

　購入者は、EC事業者の返品対応が丁寧かつ迅速に行われているかどうかをチェックしています。返品対応が遅れるようなことがあれば、固定ファンの獲得の機会を逃してしまうことにもなりかねません。具体例を見ていきましょう。

事例1 納品書の入れ忘れ

　消費者都合での返品を受け付けるアパレルECサイトで「サイズ変更したい」と購入者からメールが来たので「納品書も同封のうえ、送り返してほしい」と返信しました。

　しかし納品書を紛失してしまったのか、そのまま商品のみが返送されてきました。

　そのため、返品商品の確認や交換商品の発送に時間がかかってしまいました。購入者は返品したものの、交換商品がなかなか到着せず、結局、楽しみにしていた着る機会を逸してしまったのです。

　以後、その購入者はそのサイトからは買わなくなりました。

　納品書を入れ忘れたり、紛失してしまったりする購入者が出てくることにもっと配慮して、返送の際に納品書が必要なことをもっとわかりやすく表示しておく必要があったのです。

「届いた商品を見ると、一部が汚れていたので別のものに取り換えてほしい」とメールで問い合わせがきました。しかし、伝票処理や交換商品の在庫の確認に時間がかかり、回答が遅れ、交換商品の発送にも時間がかかってしまいました。

商品の汚損についての謝罪のタイミングも逸したようです。返品発生時の処理方法について手順書やマニュアルを用意しておけば、迅速に対応できたと考えられます。

迅速な返品対応でリピーターを増やす

［事例1］、［事例2］のように返品の対応が遅れると、固定ファンの信頼を失ってしまったり、固定ファンが増えなくなってしまったりしまいます。また、レビューなどの評価が低くなり、新規顧客が購入を躊躇することも出てくるかもしれません。

しっかりとした対応をしなければ、ECサイトの評判にも大きく影響することになるのです。

返品は通常の商品の発送に比べて手間もかかりますし、返金などの処理も行う必要が出てきます。

商品の迅速な発送や受注処理などに注意が向きがちですが、一見、地味に見えますが、よいECサイトほど、返品対応に力を入れているのです。

EC市場が日本以上に大きい米国でも返品は大きな課題となっています。

しかし米国でも返品にうまく対応できない企業は少なくありません。自社の物流ネットワークだけでは莫大な返品量をさばき切れないのです。したがってそれを踏まえて「必要に応じて外部委託サービスを利用する」と

いう発想も必要になってくるのです。

そこでたとえば、ハッピーリターンズ社のように全米各地に拠点を設けて返品代行サービスを展開するスタートアップ（新興）企業が活躍することになります。

ハッピーリターンズ社は返品を受け付けるオンライン専売ストアを全米各地に設けて、その場で返金の確認も行うサービスを展開しています。

返品にあたり、消費者とEC事業者の信頼関係を築けるビジネスモデルを構築しているのです。また、フェデックス社と提携することでより効率的に返品サービスを展開しています。

米国では返品対応がCX（顧客体験）を向上させるためのキーワードとして注目を集めているのです。

日本でも近い未来には米国と同じように返品処理の巧拙で他社との差別化を図る企業が増えてくることは間違いないでしょう。

EC事業で発生する返品処理の一連の業務プロセスにおけるポイントを整理しておきましょう。

（1）返品の受付

返品の受付は簡単に思えますが、実は意外と難しく、対応を間違えると、返品の大幅な遅れにつながります。迅速かつ正確に処理したいところです。

「返品するときはどこに連絡してどうやって返送するのか」といった疑問を事前に解決しておく必要があります。

商品の発送時に「返品連絡票」を入れたり、返送先や返品IDを記載した専用ラベルをマイページなどからダウンロードしたりできるようにすると購入者も安心できます。

（2）商品の返送・交換

　返送・交換にあたって、購入者が気にするのは、「返送費用はかかるのか」「商品の交換は迅速に行われるのか」といったことになります。

　破損、汚損などがある商品や誤配送などの場合はEC事業者が返送料を負担することが多くなっているようです。

　その場合、たとえば返送先住所と返品IDの記載されている着払い伝票を使ってもらうようにすれば、誤返送を回避できますし、返品商品の確認を迅速に行うことも可能になり、コスト削減にもつながります。

　また、商品を交換する場合には在庫ステイタスをはっきりさせたうえで、混乱や混同、勘違いが生じないように迅速に別便で配送することも一考に値します。

（3）返金

　返金についてはクレジット会社経由で商品購入と同額が請求書から引かれるかたちで相殺されるマイナス処理が行われることも少なくありません。

　購入者の諸情報や返品IDと紐付けするかたちでマイページなどを通じて、「いつまでに返金できるか」などの返金状況の見える化を行っておくとよいでしょう。

　また返金が遅れてしまうケース、事情などについてはECサイト上でしっかりとわかりやすく説明するようにします。

　返品処理には商品発送以上の手間がかかりますが、返品処理をECサイトの成功のカギを握る重要な業務と認識することで他サイトとの差別化も可能となるのです。

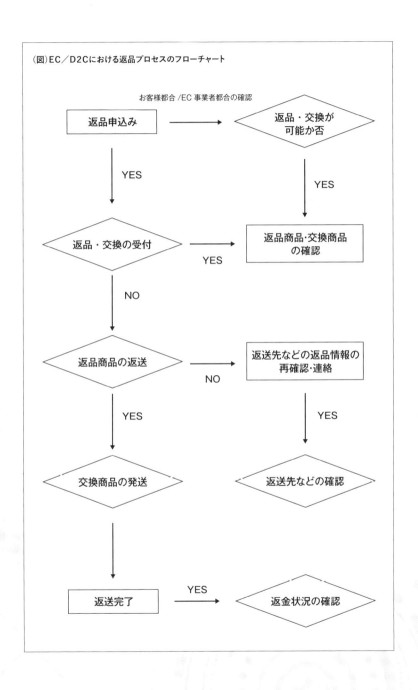

(図)EC／D2Cにおける返品プロセスのフローチャート

お客様都合／EC 事業者都合の確認

返品申込み → 返品・交換が可能か否

YES（返品申込み下）

YES（返品・交換が可能か否下）

返品・交換の受付 →（YES）返品商品・交換商品の確認

NO

返品商品の返送 →（NO）返送先などの返品情報の再確認・連絡

YES（返品商品の返送下）

YES（返送先などの返品情報の再確認・連絡下）

交換商品の発送

返送先などの確認

返送完了 →（YES）返金状況の確認

D2C成功のカギを握る物流倉庫の活用

　中小企業のEC事業者の物流倉庫について、比較的よくある課題としては「倉庫内の整理整頓がきちんとできていないゆえに保管効率が悪くなり、結果としてスペース不足に陥る」ということがあげられます。

　EC事業の取扱い品目から、食品、日用品・化粧品、アパレル、家電に分けて考えてみましょう。

　食品についてトラブルとなりやすいのは鮮度や賞味期限、消費期限です。期限切れの商品が在庫として残っていて、間違って出荷してしまい、購入者からクレームが来たりするケースです。日常的なケースでは期限について注意していても、繁忙期・セールなどには見落としこともあります。

　また季節限定の商品の繁忙期やセールも少なくないので、同一商品ということだけで管理していると、賞味期限、消費期限を見落としてしまうことになります。

　日用品や化粧品などについては注文を受けてから在庫切れに気がつき、発送が遅れたり、キャンセルをせざるをえなくなったりして、購入者からクレームが来るというようなケースに気をつけなければなりません。化粧品など、使い終わりそうになったときに次に使う分を購入したいと考える商品は欠品状態だと他のサイトに得意客でも移ってしまいます。期間にインターバルがあるものの、定期的に購入する消費者が多いことを考えて、日ごろから欠品のない在庫管理を心掛けていきたいところです。たとえば年末や新年度などに特定の商品が多く出ていくこともあります。

　ただしそうしたときにはリピーターだけではなく、初めて購入を決めた顧客も多くなります。リピーターが定期的に購入している商品を購入できなくなるのは困りますし、初めての顧客が「初めて購入しようと思ったら、

欠品だらけだった」というのではリピーターになってくれないでしょう。

　繁忙期にはいつもより多めの在庫を持ち合わせて、多くの顧客に「このサイトならば常に商品がある」という安心を感じさせる工夫も必要になります。

　またセールについては「一見客が大量購入したらリピーターが少ししか買えなくなる」ということがないようにリピーターに配慮した売り方も心掛ける必要もあります。

　アパレルについては色とサイズの問題があります。

　同じ品番でも色違いだったりサイズ違いだったりすることもあります。色別、サイズ別の在庫管理を徹底するようにしたいです。

　たとえばよく売れるブラウスで色違いだと全く売れないとかサイズ違いだと過剰在庫になってしまうといったこともあります。

　どのような商品が売れるかということだけではなく、「何色が売れるか」「どのサイズがよく売れて在庫切れを起こしやすいか」ということを把握しておくようにします。

　またアパレル商品にセールは付き物ですが、セールで売り切りたい商品はよく売れる商品の色違いだったり、サイズ違いだったりすることもあります。その場合、出荷する段になって、よく売れるほうの色やサイズを送ってしまったり、あるいは全く別の色やサイズの商品を送ってしまったりしないように注意したいところです。

　美容家電や家具などについては、大型商品も多いため保管スペースの確保や出荷の際の梱包に手間取ることも少なくありません。

　型落ちした商品などは売れにくくなるのでセールに回すなどの対策を取る必要もあります。

また季節商品も多く、暑いときに必要な商品や寒いときに必要な商品をタイムリーに販売することを念頭に在庫を揃えておくことも重要です。よくあるトラブルとしては「せっかく購入したのに動かない」「ユーザー登録用のはがきの差出有効期限が切れている」といったもので、品質管理を含めた在庫管理がきちんとできていれば防げるものでもあります。

倉庫管理・整理のできない状態を回避・解消

　D2C向けの商品管理の起点となる倉庫の管理・整理がきちんとできていない状態を放置すれば、「必要な商品は欠品だらけで出荷できない。しかし倉庫内は在庫の山で、いったいどんな商品が倉庫内にあるのかと見れば、まったく売れない商品だらけ」ということになります。商品の売れ方でいくつかタイプに分けることができます。たとえばよく売れる商品を「売れ筋商品」とした場合、話題性は高いが必ずしもよく売れるとはいえない「見せ筋商品」があります。売れ筋商品でもロングセラーとなっている「定番商品」だけではなく、トレンドに乗って売上高を伸ばしている「流行商品」もあります。すなわち一言で流行商品といってもその売れ方に大きな違いがあるのです。倉庫に保管する場合もその商品の特性に見合った在庫管理をする必要があります。売れ筋商品ならば欠品がないように注意しなければなりせんが、見せ筋商品ならば話題性はあるものの実際の売れ行きはそれほどでもないかもしれません。

　「ECサイトの訪問者が最初は見せ筋商品に釣られてサイトに入ってきても、結局は売れ筋商品を買う」といった感じに落ち着きます。したがって売れ筋商品は多めに、見せ筋商品は少なめに在庫を用意しておくことが

得策となります。

　このように商品の売れ方の特性を踏まえて、倉庫・在庫管理を進めていく必要があるわけです。

越境EC／D2Cの失敗しない配送の心得

　越境EC／D2Cにおいて効率的な配送の実践ビジネスの成否を分けるほど重要です。ここでは国内および海外配送のポイントを解説しましょう。注文された商品の発送にあたっては、納品書、送り状（発送ラベル）、インボイスが必要です。海外配送の場合はこれに税関通知書も必要になります。

（1）納品書・インボイス

　納品書には購入商品名、金額、配送先住所、決済方法が記入されています。なお、海外発送にあたっては、日本郵便の国際郵便を使うならばマイページで送り状、インボイスなどを作成するオンラインショッピングツールを使用できます。なお、海外発送の場合、送り状、インボイスなどは住所、受取人名などは英語などの発送先の言語で記入します。日本語で記入して税関で読めない場合は受取人に届かなくなる恐れがあります。

（2）税関通知書

　税関通知書とは国際郵便において郵便物の内容品を通知する書類です。CN22（5万円未満の商品）、CN23（5万円以上の商品）の2種類の用紙があります。

（3）同梱物

　必ずしも同梱する必要はありませんがリピーターなどを獲得するのに役立つ同梱物として、礼状、関連商品カタログ、ノベルティグッズ、関連商品のサンプルなどがあります。こうした同梱物は販促品となり、再購入の大きな動機付けにもなります。

（4）配送状況の確認

　商品の発送にあたっては必ず追跡番号を控え、購入者にも知らせるようにします。顧客が購入品を発送後にキャンセルした場合にも追跡番号が必要になります。国際宅配便サービスでは貨物追跡がサイトを介して確認できます。商品到着が大幅に遅れていたり、未着の場合も確認するようにします。

（5）商品の梱包

　海外発送の場合、商品の梱包については段ボール箱などに梱包する場合、箱の隙間にはエアクッションなどの緩衝材、保護材を入れて、箱の開封口は十字にガムテープなどを貼るなど頑丈に封をします。EMSなどで発送する場合には日本郵便が用意しているEMS無料包装材などを使うのも一法です。

失敗しない配送手段の選択

　越境EC／D2Cの海外発送では、日本郵便の国際スピード郵便（EMS）を用いるか、ヤマト運輸、佐川急便などの国際宅配便、DHLやフェデッ

クスなどの海外クーリエサービスを使うなどの選択肢があります。

(1)国際郵便

　日本郵便が提供するEMSは万国郵便連合という国際機関により運営されている公的郵送ネットワークになります。世界120以上の国や地域に、重さ30kgまで対応可能です。荷物の配達状況の追跡も可能で損害賠償制度が導入されていて、2万円まで無料となっています。送り状や必要書類はパソコンやスマートフォンで作成できます。

　EMSを1年間に6,000個以上利用する場合には最大で26％の割引が適用されます。また、1か月に50個以上の利用の場合には月間割引の適用も可能です。

　越境ECの海外配送を手軽に始めるにはもっとも適した配送方法でもあります。

　またクール便も受け付けていて、保冷が必要な荷物について、低温（冷蔵0〜10℃／冷凍−15℃以下）で海外の一部地域に配送するサービスも実施しています。

　また一部地域を対象にUGX（ゆうグローバルエクスプレス）というサービスも実施していて、関税元払いなどにも対応したり、米国、オーストラリア、シンガポールなどのフルフィルメントセンターへの輸送も行っています。

(2)国際宅配便・クーリエサービス

　ヤマト運輸、佐川急便、DHL、フェデックスなどの国際宅配便・クーリエサービスの活用も越境ECにあたっての有力な選択肢です。越境ECで緻密な物流サービスを実践するのならば、ヤマト運輸などの物流企業の

サービスを選択することはきわめて有力な選択肢となります。

　たとえば、ヤマト運輸の場合もEMSと同じように世界200超の国・地域に配送が可能です。また、輸出支援システム「ワールドポータル」で送り状、インボイスなどの作成もできます。各国の規制品・禁制品情報の検索もできます。また代引きサービス「国際宅急便コレクト」やDHLなどを活用することで越境決済をスムーズに行えます。佐川急便の飛脚国際宅配便でも同じようにワールドワイドで配送が可能で、送り状などの発行も可能です。

　ただし、EMSなどの国際郵便の場合は、価格が20万円以下の郵便物の場合は税関申告は不要ですが、国際宅配便の場合は税関への申告が必要になります。

D2Cにおける物流管理

　商品の受注から出荷までの時間の短縮や業務の効率、精度の向上なども物流部の重要な任務になります。せっかく注文を受けても、それがなかなか顧客、消費者のもとに届かなければ、ビジネスチャンスを失うことになります。たとえ迅速に出荷業務が行われても、誤出荷、誤配送などのミスがあれば、顧客の信用を失うこともあります。正確かつ迅速に受注から出荷、輸配送までの流れが処理されていかなければならないのです。

　さらにいえば在庫状況についても入念に管理する必要があります。「出荷量が増えるだろうから在庫を多めにしておこう。そのほうが迅速かつ正確に対応できるはずだ」と考え、対応しても、予想外に出荷量が伸びなければ、過剰在庫を抱えることになるのです。在庫リスクを最小に留めつつ、タイムリーな配送に対応する必要があるのです。

（1）在庫回転率、商品回転率の向上

　商品管理、物流管理をしっかりと行うための前提として、在庫状況を入念にチェックしておく必要があります。品ぞろえにあたって欠品が多かったり、反対に不動在庫、不良在庫が多かったりするようでしたら、早急に在庫戦略の見直しに着手しなければなりません。在庫の適正化を実現するためには、在庫回転率の向上を推進しなければなりません。在庫回転率とは一定期間における在庫の回転回数のことです。一定期間の所要量を平均在庫量で割ることで求められます。

　在庫回転率を向上させるには、商品管理を徹底し、定期的に品目を整理する必要があります。次々と新商品が発売されれば在庫全体が増えて管理が難しくなります。そこで在庫回転率とあわせて在庫回転期間についても把握しておく必要があります。在庫回転期間は在庫回転率がわかればそこから引き出すことができます。ま

　また、トータル在庫日数（金額）や在庫精度などについて、現状の数値と目標とする数値を定め、対策を練ることも効果的です。

　ちなみに適正在庫量は金額で表すことも可能ですが、日数や時間数で表すと実用的です。「三日分の在庫」、「三時間分の在庫」などといった使い方をします。日数・時間数で表すことでリードタイムとの関係が明瞭になるのです。

　なお、トレードオフ（二律背反）が発生することも多いので、それに配慮しつつ、在庫戦略を構築する必要があります。

　たとえば「欠品率ゼロ」が販売戦略のポイントとなるケースでは、「品ぞろえの充実」と「在庫削減」をいかに両立させるかというジレンマに襲われます。欠品率が低ければそれだけ販売機会も増えます。しかし、過剰在庫

が発生するリスクもあります。商品の売れ行きや商品のライフサイクルを身さで目ながら、均衡点を探っていく必要があります。

（2）物流現場での欠品の発生の回避

D2Cの現場で発生する欠品は大きくわけて二通りあります。

まず出荷指図に基づく引き当て処理を行った際に在庫が足りないケースが考えられます。この場合、の解決策は、発注して当該物品の入荷を待つか、受注をキャンセルするかのどちらかとなるでしょう。これは営業部門の判断となります。無在庫型の通販ではこのパターンになります。受注時は「欠品」となっているので、「発注入荷待ち」として入荷したらすぐに出荷するというわけです。

もうひとつのケースは、「コンピュータ在庫には問題がなく発注したものの、棚に行くと物品がない実欠品が発生している」という場合です。このようなときは、当該商品の入出荷履歴を追跡して、過去の入出荷でミスを犯しそうな形跡がないかをチェックする必要があります。そしてそのためには入出荷はもちろん、在庫調整履歴や棚移動履歴、良・不良振替履歴などあらゆる履歴を時系列に一覧できる機能が必要となります。

入出荷、返品の処理が遅くなって在庫が正確に把握できない状態が必要以上に生じてしまうのは物流部の責任となります。たとえば、アパレルなどでは、季節の変わり目に新季節商品の出荷と前季節商品の返品は重なるために、「出荷量が通常の数倍になる」ということもあります。しかし前季節の返品が生じたときに、「出荷優先」での対応をすることは避けなければなりません。返品の把握が遅れれば、在庫処分に後手を取り、大きな損失をこうむることもあるのです。

(3)出荷量を見すえて在庫水準を調整

　在庫は多すぎても少なすぎても問題が生じると考えられています。そこで適正在庫を設定しそれに基づいての在庫管理が重要になります。在庫管理の良し悪しは商品競争力にも影響を及ぼします。

　商品在庫は売れてはじめて売上げ、利益となります。在庫のままでは売上げも利益も伸びません。在庫はいくら長期にわたって大量に保有されていても、企業の利益に直結することはないのです。在庫のままでは「資金が寝ている状態」が続くことになります。過剰在庫が続けば、企業にとっては「ぜい肉部分」が増えることになり、結局は企業体力も低下することになるのです。

　また「不要な商品在庫が山のようにあるのに、売れ筋商品が品切れ」となるのも適正な在庫管理が行われていないためといえそうです。したがってこうした事態が発生したら、すみやかに在庫調整を行い、適正在庫水準を回復するようにします。入荷量を減らすことで対応できるケースもあります。

　また営業・販売部ではバーゲンや特売、値引きなどを企画し、迅速な過剰在庫の処分を図ります。ただし無計画な在庫戦略の埋め合わせとしてバーゲンや特売などを行うのは可能な限り避けたいところです。無論、在庫問題を後処理的に解決するのではなく、商品の生産、流通、販売の各プロセスにおいて、常時、在庫状況を監視し、適正水準を維持する必要があるのです。

　なお、適正在庫に保つには、必要な商品などを適切な仕入れ先からタイムリーに購入することが求められます。仕入れ先と商品などのQCD、すなわち品質（クオリティー）、価格（コスト）、納期（デリバリー）についての交渉も行い、双方が合意に達すれば、注文書を発行し、商品などを仕入れます。

（4）出荷実績、出荷予測に基づく在庫分析

　適正在庫量にくらべて在庫量が多い状態が「過剰在庫」になりますが、商品の売れ行きが変化すれば適正在庫量も変わっていくことになります。たとえば商品がフルフィルメントセンターにあふれていても「販売促進を強化すれば在庫はすぐになくなる」と考えているかもしれません。しかし、「以前にくらべ同一商品の保管量が増えている。在庫過剰ではないか」という見方もできます。

　こうしたケースでは「在庫量が多いかどうか」ということだけを単純に考えても状況分析はできません。「その商品在庫がどれくらいの期間にわたってあるのか」ということも調べるべきです。すなわち、一定期間の出荷実績がほとんどない商品を多数、保有していればムダな在庫である可能性が高くなります。けれども逆に在庫量が多くても出荷実績が多い場合には、過剰在庫化するリスクは比較的、低いといえます。こうした在庫のことを「流動在庫」（アクティブ・ストレージ）と呼ぶこともあります。

　過小在庫かどうかということも出荷実績や出荷予測をもとに判断することが重要になります。もし出荷量が多い流動在庫であるにもかかわらず在庫量が少なければ過小在庫と判断して間違いないわけです。出荷実績の少ない商品については在庫量を絞り、必要最小限の個数があれば十分でしょう。しかし、出荷実績が少なくとも、一定の間隔をおいてある程度、注文が入る商品もあります。こうした在庫のことを「スリーピングストック」と呼び、デッドストックとは区別して考えます。ただし、商品の陳腐化などが進めば、いずれデッドストック化する危険もあります。したがってスリーピングストックに対しては出荷実績や出荷予測に注目しながらのきちんとした保管と管理が必要になります。

（5）需要予測の綿密化による在庫削減

　「商品がどれくらい売れるか」ということがはっきりわかっていれば、過剰在庫も過小在庫も発生しません。需要量に見合う在庫を容易すればよいからです。けれども反対に、「商品がどれくらい売れるかわからない」ということであれば、在庫管理はとたんに難しくなります。その場合、カンに頼って在庫を持つしかないからです。経験が役に立たなかったり、カンが当たらなかったりすれば在庫戦略で致命的な過ちを犯す危険も出てくるでしょう。

　つまり、適正在庫をきちんと維持し続けるには、「どれくらい売れるか」という需要予測の精度を上げることが必要不可欠な条件となっているのです。

　たとえば、数年先の売れ筋商品の需要を正確に予測することは容易ではないはずです。漠然とした予測しかできないでしょう。

　だが数日後の週末の定番商品の需要を予測する場合は事情が異なります。さまざまなデータがはっきりしているので相当な精度の需要予測が可能になるのです。

　商品が生産されてから最終消費者の手まで届くリードタイムが短く、関連データが豊富ならばそれだけ需要予測もしやすくなるわけです。

　この点をふまえて生産計画、販売計画のバランスを取りつつ、サプライチェーン全体の在庫を最小限に保つには「短リードタイムによる需要予測の精度向上」が不可欠です。

　需要予測の精度を高め、販売計画、生産状況、在庫状態のバランスをリアルタイムで把握する必要があります。部門ごとに完結したシステムではなくサプライチェーン全体の情報が可視化されていることが望ましいでしょう。在庫情報を全社レベルで共有するのです。さらにいえば在庫量の

適正化を念頭に需要の変化に対応するために生産計画や販売計画に柔軟性を持たせることも重要です。

　なお、完全なかたちで受注生産を行い、顧客満足を引き出すことは容易なことではありません。受注生産を行う場合でも、あらかじめ部品、素材などを用意しておいて、そのうえで顧客からの注文を受け、組立生産などを行うこともあります。注文が入るまで組立生産を行わないとはいえ、各部品の在庫を抱えざるをえないということもあります。

　D2Cでは顧客から注文を受けてから商品を仕入れるケースも少なくありません。しかしその場合、顧客が商品の到着まで、すなわちリードタイムの長さに物理的に耐えられなくなるリスクも出てきます。「商品の到着まで時間がかかるならば、別のサイトで購入しよう」と考える可能性が出てくるからです。

　したがって受注生産を顧客の満足が得られるかたちで行うには顧客の手元に届く時間を可能な限り短くする必要があります。

　対策としては受注生産のシステムのなかに大量生産の概念を部分的に導入するのがよいでしょう。

　たとえば赤、青、黄の商品を10個ずつ在庫として抱えていても「赤は10個全部売れたが青と黄は5個しか売れなかった」ということもあるでしょう。そうなれば、青と黄の20個は過剰在庫となります。売れ行きがさらに落ちて、陳腐化し、処分に困る状況に追い込まれることも考えられます。また反対に売れ行きのよい赤の商品に関しては「ほしいのに在庫がなくて手に入らない」という状況になるかもしれません。販売機会ロスを招く、欠品となるリスクが出てくるわけです。

　しかし、無色の同サイズを30個用意し、注文にあわせて、色をつければ

どうでしょうか。売れ行きのよい赤の商品が欠品になる恐れや青や黄が売れ残るリスクは消えます。色をつける工程に時間がそれほどかからなければ顧客がリードタイムの長さに耐えられなくなるということもないわけです。

このように考えながら、大量生産と受注生産の双方の利点をうまくミックスしていく工夫を施しつつ、在庫の最小化の実現を目指すことになります。

Chapter 7

[第7章]

成功を収めるための
シナリオ

　本章ではD2Cで成功するためのシナリオ作りとして、その
ための絶対条件を検討します。商品開発、ロジスティクス、サ
イト構築などのポイントやプロトタイプ別の戦略検討などを
行います。

　またD2Cの成功事例と失敗事例を改めて分析し、「するべ
きこと」と「すべきでないこと」を整理します。そのうえでD2C
成功への道筋とリスクヘッジの方策についても解説します。

成功を収めるための絶対条件

　D2Cで成功を収めるための絶対条件として、レベルの高いカスタマイズされた商品開発が求められます。

　十分なマーケティング調査を行ったうえで、実際の商品はOEM生産することになります。

OEM生産

　D2CにおけるOEM生産とは、商品の設計やブランド名はD2C企業が持ちますが、生産工程を委託するというビジネスモデルです。D2C企業は生産設備への大きな投資は必要ありません。生産に特化したOEM企業の施設、設備を活用します。

　まずOEM生産先を中国などの海外にするか国内工場にするかを検討します。中国のOEM企業を探すには、アリババや1688.comなどが使われます。

　見本などを見たうえである程度時間をかけて検討したいという場合には中国などの見本市や展示会で探す企業も少なくありません。ただし、海外のOEM企業の場合、工場のオペレーションのレベルにバラつきがあることが多く、そのため不良品や欠陥品が多くなってしまうといったトラブルが出てくることもあります。

　さらにいえば、そうして発生した不良品などの返品を受け付けなかったり、しっかりした完成品が出来上がるのに時間がかかったり、といったケースも報告されています。納品順守率が著しく低いという工場もあります。

　また、緻密な生産体制を組もうとしてもレスポンスが遅いなど、製販のコ

ミュニケーションに課題が生じてしまうこともあります。

　したがって、生産を委託する工場が信頼するに足る企業なのかを十分に調査する必要もあります。

　自社で直接、海外工場に問い合わせて、生産体制のレベルなどを確認するほかに、OEM生産の委託代行を請け負う会社も増えてきているので、そうした代行業者に相談するのも有力な選択肢です。

　他方、国内のOEM企業を活用するメリットとしては小ロットからの生産が可能ということがあげられます。また、細かいカスタマイズにも対応できる企業が少なくありません。

フルフィルメント

　OEM生産された商品は直接、顧客に送られるのではなく、いったん、D2C企業の倉庫(フルフィルメントセンター)に納品されることになります。

　倉庫に到着(入荷)した商品は検品を経て、棚入れ、保管されます。商品は出荷頻度別などに保管エリアを定められます(ロケーション管理)。

　そして顧客からの注文を受けて、保管エリアから出庫され、検品を経て、請求書や納品書、同梱物とともに梱包され、顧客向けに出荷されることになります。

　なお、出荷から顧客への納品にかかわる一連の配送状況は貨物追跡システムなどで確認できるようにします。

　必要に応じて代引きなどで決済も行います。

　これら一連のフルフィルメント業務を自社で行う場合と外部委託する場合とがあります。

　多くのD2C企業では外部委託することになります。ただし、フルフィルメ

ント業務の場合、何もかも委託する物流企業に任せきりというわけにはいきません。フルフィルメントの方針や在庫政策などについては、D2C企業側で検討する必要があります。

　フルフィルメントセンターの毎日の入出荷データを分析、吟味して基準在庫量を計算します。次にそれらデータをもとに、出荷量を予測します。そしてそれにあわせて店頭在庫が最小になるように入荷日を指示します。配送センターから各店舗へのモノの流れが正確に予想できれば、配送センターの在庫も店頭の在庫も最小となるわけです。在庫削減を推進することが可能になるわけです。

　もちろん、出荷データの分析は短期間ではできません。四季ごとの需要量や流行、技術などの激しい変動を見定めるには、複雑な数学的手法やある程度の期間も必要となります。出荷状況などに大きな変化があれば新しいデータを分析して、発注量と発注時点の見直しも適時、行います。

　同時に少量発注、出荷の多頻度化、リードタイムの短縮化などの要請にも可能な限りタイムリーに対応していきます。さらにはOEM工場、フルフィルメントセンターの多在庫をトータルに捉えながら顧客の需要を的確に把握することを目指します。

　部分ごとの作業だけでなく全体最適を意識し、サプライチェーン全体の最適化を実現することが重要なのです。

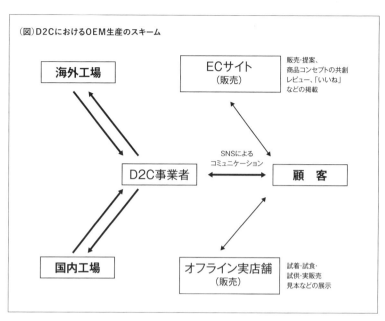

（図）D2CにおけるOEM生産のスキーム

海外工場

ECサイト
（販売）

販売・提案、
商品コンセプトの共創
レビュー、「いいね」
などの掲載

D2C事業者

SNSによる
コミュニケーション

顧　客

国内工場

オフライン実店舗
（販売）

試着・試食・
試供・実販売
見本などの展示

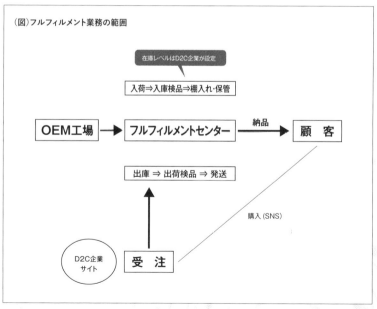

（図）フルフィルメント業務の範囲

在庫レベルはD2C企業が設定

入荷⇒入庫検品⇒棚入れ・保管

OEM工場　→　フルフィルメントセンター　　納品　　顧　客

出庫 ⇒ 出荷検品 ⇒ 発送

購入 (SNS)

D2C企業
サイト

受　注

ECサイト運営代行

　ECサイトについても、自社ですべてを構築するわけではなく、運営代行会社に委託するという選択肢もあります。OEM生産や物流までも含めて総合的に委託することも可能ですが、ここでは運営代行に絞って説明します。

（1）ECサイトコンサルティング

　運営代行会社のなかにはD2Cビジネスの目的・目標の設定や戦略のアドバイスや企画・立案、実行を請け負う企業もあります。ターゲットオーディエンスのインサイト分析やマーケティング調査を行うのです。

　業界の動向や競合他社の動きなどのマーケティングを行い、他社のブランド戦略や強み、弱みなどを分析します。

　そのうえでECサイトの総合的な設計、すなわちコンテンツ、商品リスト、価格設定、ナビゲーション、SEOなどのバランスや最適化を行います。また必要に応じて商品情報の登録、イメージ画像の撮影なども行います。

　なお、ターゲットオーディエンスについては、性別年齢や収入、ライフスタイルなどを特定していきます。そしてニーズに応じた販売促進戦略も構築します。

　さらにLTVを念頭にKPIを設定して、ECサイトを定量的に評価しつつ、集客を強化します。

（2）広告戦略の立案・カスタマーサービス

　サイト運営に連動させてのリスティングやSNSによる広告やカスタマーサービスである問い合わせやクレーム対応も運営代行会社に委託することが可能です。

また、メルマガやSNSによるキャンペーンなどの販売促進の代行も委託することが可能です。同時にメールの開封率やリスティング広告のクリック率なども分析し、サイト運営の最適化に役立てます。

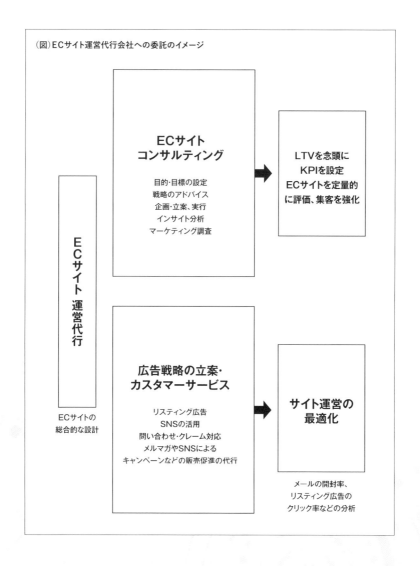

（図）ECサイト運営代行会社への委託のイメージ

ECサイト 運営代行

ECサイトの総合的な設計

ECサイト コンサルティング

目的・目標の設定
戦略のアドバイス
企画・立案、実行
インサイト分析
マーケティング調査

LTVを念頭に
KPIを設定
ECサイトを定量的
に評価、集客を強化

広告戦略の立案・カスタマーサービス

リスティング広告
SNSの活用
問い合わせ・クレーム対応
メルマガやSNSによる
キャンペーンなどの販売促進の代行

サイト運営の最適化

メールの開封率、
リスティング広告の
クリック率などの分析

成功事例と失敗事例を細部まで検討

「勝ちに不思議な勝ちあり、負けに不思議な負けなし」という松浦清山の言葉があります。プロ野球の野村克也（故人）がよく口にした言葉としても知られていますが、この言葉は、D2Cビジネスモデルの構築にも当てはまる面があります。

商品開発なども試行錯誤で進めてみたところ、「結果オーライでうまくできて、成果が上がった」ということがあると思います。

ある意味、D2Cモデルには正解はなく、複数の選択肢があり、そのいずれでも改善が成功するともいえます。

しかし、それなら何をしても成功できるのかというとそうではなく、「そのやり方では失敗するのは明らかだ」という「絶対にそれだけはしないほうがよい」という失敗に関わるセオリーが存在することも間違いありません。言い換えれば「正解はないかもしれないが、不正解は確実にある」ということになります。

したがって成功例を理解してもらうだけではなく、失敗例を知ることで成功へのロードマップも見えてくるのです。

失敗例1 ビジョンや世界観が不明確

D2Cビジネスが従来型ビジネスにとって代わりつつある背景の一つに、消費者の関心が「商品の差別化」ではなく「世界観の独自性」にシフトしつつあるということがあげられます。

したがって、せっかく商品としては高いクオリティを持ちながらも独自の世界観をターゲットオーディエンスと共有できないために、「魅力的でない平凡な商品やサービス」となり、市場での差別化に失敗ケースが少なくありません。

たとえばアパレルＡ社の場合、Ｘ（旧ツイッター）でのフォロワーが1万人を超えたことで、オリジナルＴシャツなどを発売することにしました。生産は中国のＯＥＭ工場、ＥＣサイト運営は国内のＥＣ事業者に委託し、フルフィルメント業務と配送も物流企業に委託しました。初期コストを抑えることができたので商品の宣伝にも力を入れることにしました。

　しかし期待に反してオリジナル商品の売れ行きは低迷しました。Ｘには「いいね」はつきましたが、それが購入の問い合わせなどにはほとんどつながりませんでした。

　売れない原因を分析した結果、「商品に独自の世界観が感じられない」という結論に達しました。

　Ｔシャツのプリントデザインはフリー素材でどこかで見たようなものばかりでした。それにロゴを加えたり、Ａ社のキャッチフレーズを入れたりしていましたが、どれも独自の世界観にはほど遠いものでした。たんに「安い」「デザインがよい」などというのではなく、それよりも一歩、踏み込んだ世界観が必要だったのです。

　Ｔシャツならば、「どのようなシーンでどのような目的で着るのか。それによってどのようなカスタマージャーニーを満喫できるのか」といった世界観をオーディエンスと共有する必要があったのです。

失敗例2　ニーズやトレンドを無視した商品開発

　Ｂ社は独自の世界観とこだわりを持った高品質の商品を丁寧なＣＲＭのもとに提供してきました。それはマイナースポーツに特化したシューズで人間工学の視点からも細心の技術を取り入れた商品といえました。

　しかし、その商品のマーケットは非常に小さいために関心を持つター

ゲットオーディエンスも多くはありませんでした。

　そのため、商品開発やCRMに多額の資金をかけたほどの売上高を得ることはできませんでした。

　たしかにその商品には技術革新の最先端を取り入れているという側面もあり、将来有望な市場とも考えられました。しかし、起業時点では技術面で未完成な面もあり、オーディエンスとしては強い興味を感じることはありませんでした。

　そのマイナースポーツがオリンピック競技などに採用され、競技者人口の大幅な増加が見込めるならば、商品のニーズも高まったのかもしれません。しかし、現状では一部の熱狂的なファンだけではきめ細かいカスタマーサービスや高品質な商品を安価で提供することは難しい状況といえましょう。

■失敗例3■ ECサイトの設計・運営の失敗

　C社はSNSを多面的に展開していて、フォロワー数も十分でレベルの高い商品を発売しています。

　ただしECサイトは自社で制作し、必要最低限の機能で対応しています。そのため商品イメージの画像は必ずしも解像度が高くなかったり、サイトデザインが安価なテンプレートでまとめられていたりと、手作り感が出てしまっています。

　また問い合わせに対する回答やクレーム対応などについては、兼任スタッフが当たっていることもあり、レスポンスが遅れたり、十分に対応できなかったりするケースも出てきています。

　サイト運営全体に関しても少ないスタッフが営業と兼任するかたちで引

き受けています。

　また、SNSでの発信に頼るあまり、SEO対策やネット広告については軽視してきました。

　こうしたサイト設計・運営軽視のつけからか、SNSでの評判はよいのですが、サイト訪問者数は伸びず、新規顧客も売上高も頭打ち傾向が強く出てきています。

失敗例4　在庫戦略の誤り

　D社はD2Cビジネスを実践するにあたり、「在庫切れ・欠品」のリスクは徹底的に避けたいとの思いが強く出ていました。

　また「豊富な品揃えと十分な在庫」であることをECサイトで打ち出していくことにしました。

　しかしすべての商品が同じようによく売れるというわけではなく、「よく売れる商品もあれば、売れ行きはほどほど、あるいはまったく売れない商品もある」という状況でした。

　また、「売れる」と見込んで大きなロットで注文した商品の売れ行きが思ったほど伸びなかったというケースも出てきました。

　その結果、売上高はある程度、確保できるものの、売れない商品在庫も同時に抱えるということになりました。

　当初は「売れない商品があってもトータルで儲かればよい」と考えていましたが、在庫量がかさんでくるにつれ、フルフィルメントセンターの保管コストも増していくことになりました。物流コストが大きな要因となり、売上高は伸びるものの、収益率が落ち込むという事態に陥りました。

E社はECサイトの設計・運営、OEM生産体制、フルフィルメント業務などのロジスティクス、商品開発・商品戦略などに死角はなく、D2Cビジネスを順調に伸ばしてきました。

しかし、返品処理について課題を抱えていました。

購入者から「注文した商品と異なる商品が届いた」といったクレームが出てきた際に、自動返信機能に依存し、担当者が迅速に回答することはあまりありませんでした。

また、E社側の言い分や言い訳を担当者が繰り返し、メールや電話で説明し、顧客を説得して、クレームを押さえつけるような対応をすることもありました。クレームについてのやり取りを録音したり、メールなどを残しておくことも行われていませんでした。

さらに返品にあわせて交換する商品を発送しなければならないケースでも、在庫確認や補充発注の手配に手間取ることが少なくありませんでした。

顧客の言い分をしっかり聞こうとせず、E社側の都合をすべて顧客に納得してもらおうという姿勢にリピート顧客も愛想を尽かしたのか、売上高も自然に下降傾向をたどることになりました。

失敗例6 顧客マインドとの乖離

F社は食品D2Cブランドとして人気を博していました。消費者がプロのシェフの料理を再現できるような高品質の食材を提供するというビジネスモデルでした。

当初、無人の野を行く勢いで顧客を伸ばしていきましたが、ある時期から業績が低迷するようになりました。

その大きな理由としては競合他社が増えて、それまでの商品設計では差別化が図れないということにありました。

ただし、低迷の理由はそれだけではなく、むしろ差別化を焦ったF社が市場のトレンドや顧客マインドと大きく異なる独自の商品に重点を移していったことに起因するようでした。

シェフの料理を再現するために手の込んだ仕込みや高度な食材の管理が必要になり、それまでの顧客がF社の方向性に違和感を抱いたのでした。

成功例1 D2Cならではのニッチ市場の開拓

D2Cの成功のカギを握る要因の一つに「ニッチ市場の開拓」があげられます。D2C時代以前のマーケットでは汎用性の高い商品が消費者の大きな支持を得ることになり、スモールマーケットが重視されることはきわめて少ない状況でした。そのため、ニッチ市場への参入は限られてきました。

しかしながら、D2Cビジネスではニッチ市場をターゲットとしてこだわりのある商品をピンポイントでターゲットオーディエンスにアピールするという戦略がとられ、それが大きな成果を得るというケースが増えています。

なお、ニッチ市場については、いくつかのパターンが考えられます。

たとえば将棋、爬虫類など、そもそも以前は大きな市場とはいえないと考えられていたのに、ネット環境との親和性が高く、コアなファンが増えていったという業界に参入し、大きな成果を得たといったケースがあります。

また、食品市場を細分化したかたちの健康食品やダイエット食品の市場をさらに深化させてパーソナライズを行った「個々の健康状態を十分に把握したうえでのダイエット食の提案と提供」などのきめ細かいサービスの提供で成功を収めるケースもあります。

あるいは、商品やサービスの提供ではなく、「これまでにない独自の世界観」というのも、その世界観自体をニッチ市場ととらえることができるでしょう。

一概に「何がニッチ市場か」という定義は難しいところですが、従来型のビジネスモデルでは十分にフォローできない顧客ニーズを直取引で対応し、付加価値を高めていくのです。

成功例 2 デジタル共創による商品開発

D2Cの成功事例を見ると、特定のニーズに合わせた商品やサービスを提供して売上げを伸ばしているケースが目につきます。

そして特定のニーズに対して、SNSなどで応えるなかで強力なブランドアイデンティティを獲得するケースが出てきています。

そしてそうした商品の開発に効果を発揮しているのが「デジタル共創」です。

D2C企業と顧客が共同で、新しい価値を生み出すという考え方です。その背景には、イノベーションの進化のスピードが速く、外部環境が猛烈に変化する時代があります。1人のプレーヤーや1企業が集める情報量には限りがあり、その結果市場のニーズを読み切れない独りよがりの製品、商品が生み出されるリスクがあるからです。一例として、あるD2C企業はコーヒーマシンをオフィスに普及させるしくみとして、消費者とデジ

タル共創して「アンバサダー」というファン制度を提供し、SNSを絡めた
マーケティング活動を強化して成功しました。一般消費者の考え方を取
り入れた柔らかい発想が重要になってくるともいえるでしょう。

　言い換えれば、競争優位を獲得するよりも集合知に基づく「共創」のほ
うが成果が大きくなると考えられるのです。

　さらにいえば、インターネット上で人気の高いコンテンツの多くは、超一流
の専門家が開発したものではなく、デジタル共創による商品やサービスです。

　商品をまず開発し、ついで販売方法を検討するのではなく、まずは特定
のターゲットオーディエンス、商品のニーズを前面に押し出し、販売および
マーケティングプロセスを簡素化するのです。

　SNSなどを通しての顧客との会話や意見交換に注力し続け、顧客の
ニーズに合う商品を作りだし、その販売も顧客にダイレクトに行うのです。
このように商品を顧客と共同開発していくことがD2C成功の大きなカギ
となるわけです。

成功例3 顧客との直接的なコミュニケーション

　SNSやメールマーケティングを充実させて、顧客と直接コミュニケー
ションをとることで、定期購入やサブスクに誘導し継続的な顧客関係の構
築を図ることがD2C成功のカギともなっています。

　すでに何度か説明したように、D2CではLTVの最大化を図ることが、
一定期間の売上高の最大化よりも重要になってきます。

　顧客に目標となるKPIなどの数値を示し、その数値目標を達成するた
めに定期購入やサブスクが必要になるかたちを作りこめるとLTVも伸び
ていくことになります。

ただし、競合相手が増えたり、新しいビジネスモデルが登場して市場の脅威となることもあります。顧客データについては常に更新、分析を繰り返し、サイトやアプリの使いやすさについても定期的なアップデートを行っていく必要があります。

成功例 4 持続可能性と社会的責任

環境に配慮したり、社会的弱者救済などを前提としたD2Cビジネスモデルは幅広いターゲットオーディエンスに対する訴求力が強くなります。環境にやさしい商品やグリーンサプライチェーンを介して生産、供給、販売される商品は確実に多くの顧客から支持されることになります。

ただし、他社との差別化や独自性の構築は求められることになります。「当社は…といった独自の視点から環境にやさしい商品を提供している」といった主張は受け入れられる可能性が相当に高いといえるでしょう。農薬を一切使用しない有機食品、再生可能なエネルギーにより生産された商品、リユース素材・部品による商品、廃棄物を最小限に抑えたゼロウエイスト商品、動物実験などを行わずに商品開発されたエシカルビューティ商品など、多くの可能性のある商品ラインアップが考えられます。もちろん、こうした商品に独自の世界観が強いブランドアイデンティティが加われば申し分ありません。

D2Cビジネスに絶対必要なスタートキット

世界観

　D2Cビジネスではターゲットオーディエンスの標的を絞り、ニッチ市場に高い付加価値を付けた提案を行っていくという戦略が基礎となります。したがって、世界観はそれぞれとても重要になってきます。

　世界観とは、「どのような方針、カスタマージャーニーを提供して顧客満足を実現していくか」ということになります。顧客との直接のコミュニケーションから商品をカスタマイズしていく流れを言語化していくのです。

　また、オンラインプレゼンスを重視して、SNSを活用して顧客にアプローチしていく姿勢も見せることが重要になります。

　さらにいえば世界観は複雑であるよりもシンプルであることが求められます。シンプルではあるがこれまでにはなかったかたちで顧客満足の実現を目指すのです。

　以上がD2Cが求める世界観のイメージの教科書的な説明ですがそれだけではわかりにくいと思うので、もう少し詳しく説明しましょう。

　たとえば、「顧客が簡単に服を選べる」というだけでは世界観を表すには舌足らずです。

　たしかにD2Cビジネスモデルのユーザーエクスペリエンスの一部とはなり得るでしょう。しかし、それだけでは独自の世界観やブランドアイデンティティを表現していることにはなりません。

　顧客中心のアプローチや利便性を重視していることを示してはいますが、それだけで世界観とはいえないのです。

　D2C企業の世界観としてはもっと深堀りをする必要があります。より詳

しくその商品特有のこだわりなどを顧客の共感を得るかたちで表現していく必要があるのです。

それでは一歩、踏み込んで「オーガニックコットン（農薬を使わない有機綿）の服を簡単に選べる」というのはどうでしょうか。これならば世界観を表しているのでしょうか。

その答えもノーです。たしかに「服を簡単に選べる」ということに環境に配慮しているオーガニックコットンという商品の骨格を加えたことでブランドアイデンティティは明確化されてきました。

しかしそれでも「D2Cの求める世界観」というのは不十分なのです。

より詳しく環境へのコミットメントを加えたり、倫理的な視点から生産プロセスに手を加えたりして、より深化させていく必要があります。

そこでさらに一歩進めて、「オーガニックコットンをフェアトレードのプロセスにおいて環境負荷の低減を図りながら実践して、それを環境意識の高い顧客に売る」というアプローチにするならば、明確に世界観やブランドアイデンティティを表していることになります。ちなみにフェアトレードとは、生産者に公平な報酬と労働条件を提供することを目指すプロセスを指します。

「サプライチェーン全体をグリーン化したうえで環境にやさしいアパレル商品を提供する」というイメージをD2C企業と顧客が共有することができるというわけです。

D2Cのビジネスモデルは流通チャネル、取扱品目などの商品特性によりいくつかの類型に分けられます。

ビジネスモデルの選択—取扱アイテム数による分類

（1）少品種・少アイテム集中型D2C

　取扱アイテム数はその商品特性により、たとえば、「1種類の商品に絞って販売する」といった少品種の場合と「多くの商品ラインナップを提示して顧客に選択してもらう」という多品種の場合です。

　たとえば、テレビ通販のジャパネットタカタはD2Cの先駆けともいえるビジネスモデルといえますが、基本的には少品種に絞った販売で成功しています。

　テレビ通販で「目玉となる商品」を取り上げて、その商品の長所を売り込むのです。ある特定メーカーの家電製品とか、家具とか、多くの選択肢を見せるのではなく、「この商品がお薦め」という商品を選び、それを強力に推していきます。

　少品種しか取り扱わないメリットとしては、在庫管理の簡素化、あるいは効果的でバラつきのない販売戦略の構築が可能になるなど、いくつもあげられます。

　また少品種集中型D2Cの多くは実店舗はほとんど構えず、ECに特化したかたちでの販売戦略を展開しています。多くのECでは多品種・ロングテールでの展開が一般的ですが、その場合は大手ECモールなどの傘下に入るケースが多いのです。

　したがって、少品種販売はD2Cビジネスモデルの大きな特徴ともいえます。

　ただし、ある商品が売れなくなったときにその代替となる商品がなくなるリスクも高くなります。また、競合他社が強力な類似品を売り出してきた場合、その影響を大きく受けることになります。

（2）多品種ロングテール対応型D2C

　アパレル商品は、サイズ、色などのバリエーションに対応しなければ一定の売上げを確保できません。したがって取扱いアイテム数が多くなります。

　さらにいえばベジタリアン、ヴィーガン、アレルギー対応、特定の栄養価を重視した食品などを提供し、顧客の個別のニーズを満たすようなビジネスモデルの場合も多品種が求められることが多いといえるでしょう。

　美容関連商品でカスタムスキンケア商品などを提案する場合も個別の美容要件に対応するので多品種になる可能性が高いです。

　多くのD2C企業はアイテム数を絞ってスタートしますが、顧客の需要を反映するなかで、品ぞろえを充実させることが大きな売りになる可能性が出てきます。豊富な選択肢を用意することで新規顧客を獲得しやすくなります。また複数商品をセット販売しやすくするというメリットもあります。

　もっとも、アイテム数が多くなれば在庫管理が複雑になり、過剰在庫が発生しやすくなります。それを回避するためにはLTVを念頭に「長期的な需要で在庫がどのように推移していくか」ということをしっかりと把握しておく必要があります。

ビジネスモデルの選択―流通チャネルによる分類

（1）自社ECサイト特化型

　D2Cの基本的なビジネスモデルになります。SNSによるオウンドメディアを活用して、自社サイトで特定顧客に焦点を合わせた商品を販売しま

す。商品は定期購入をしやすい消耗品や継続的に購入することが望ましいLTVの高いサブスク商品を中心としたナインナップを採用します。

（2）D2C・ECモール併用型

　自社ECサイトのみならずアマゾン、楽天市場などの大手モールへの出品もあわせて行うビジネスモデルです。

　自社サイトへの集客力の中核を担うオウンドメディアのフォロワー数が少ないなど、発信力が弱かったり、競合商品、競合他社が多く、SEO対策を充実させても検索上位となりにくいなどの場合、大手モールの併用も有力な選択肢になります。

（3）EC・実店舗併用型

　ECサイトのみならず、実店舗を併用することで顧客に実際に商品に触ってもらったり、使ってみてもらったりすることが可能になります。画像と実物との違いなども認識することが可能です。

　ただし、創業時点からEC・実店舗の併設というわけではなく、ECサイトのアクセス数や売れ行きを伸ばすため、あるいは実店舗のみでの事業展開であったところに新規事業としてECサイトを加えるといったプロセスになることがほとんどといえましょう。

ビジネスモデルの選択―多業態型

　DCに越境ECを加えたり、ネット通販のターゲットオーディエンスを最終消費者以外に小売企業も加えて多業態化を図るといったビジネス

モデルも考えられます。

（1）D2C・越境EC型

　第5章で紹介したように、D2Cに越境ECの領域を追加して、グローバル展開していくというビジネスモデルです。マーケットを海外に広げることで国内市場のみでは行き詰まり感が出てきた商品や国内競争が激化している、あるいは商品の陳腐化が進んでしまっている場合、海外マーケット次第では伸び代が出てくることがあります。また、円安など為替の影響次第では越境ECにより利益率の向上を見込める可能性もあります。

（2）リテール／ホールセール融合型

　一般消費者への販売による小売機能のみならず、小売業にも商品を販売する卸売機能も併せ持つビジネスモデルです。

　希少性が高く、高品質であるものの、高価であったり、自社の小売販売力がそれほど大きくなかったりする場合に適応されます。

　「小売単価が高く、緻密な顧客管理を必要とするために、自社スタッフのみでは小売市場ではさばききれない」といった場合に関連他社に卸して、顧客管理を委ねるといったかたちがとられます。

　たとえば独自仕様にこだわりを持ち、高度なカスタマイズを必要としている高級化粧品（肌にやさしい、アトピーフリーなど）などに適用されることがあります。

収益モデル

　企業がどのようなプロセスで収益を生み出していくかを決めるのが収益モデルです。D2Cビジネスの場合、直販モデル、サブスクモデル、カスタマイズモデルなど、収益モデルが複数で、しかもそのうちのいくつかが組み合わさった多層的なモデルとなっているケースが少なくありません。

（図）D2Cにおける収益モデル（例）

検討項目	具体策
ターゲット市場	カスタマイズ可能で、将来性のあるニッチ市場
価格帯の設定	価格を抑え、サブスクを活用した定期購入を推進
収益化	顧客との直接販売取引により中間マージンの発生を回避
コストパフォーマンス	OEM生産、フルフィルメント業務の外部委託により効率化
LTV向上策	トリプルメディア（オウンドメディア、ペイドメディア、アーンドメディア）の活用、アフェリエイト、フリーミアムなどの導入

　D2Cでは基本的に直接販売モデルでサブスクをうまく組み込んで定期購入を行う顧客を増やしていくようにします。そしてそのためにはカスタ

マイズを充実させるのです。

　さらに、有力インフルエンサーとの連携でアフェリエイトを推進すること
もあります・

　また、基本的なサービスを無料で提供しつつ、高度な機能やプレミアム
コンテンツについては課金を行う「フリーミアムモデル」が導入されること
もあります。

　以上をふまえて、D2Cにおける収益モデルをまとめたのが次の表とな
ります。SNSなどを活用した直接販売取引ですが、定期購入、サブスクモ
デルを導入することで販売価格は抑えます。OEM生産やフルフィルメント
業務の外部委託で生産プロセス、物流プロセスの効率化、SCMを推進し
ていくのです。

▎必ずやらなければならないリスクヘッジ

　OEM生産や物流の外部委託などを行うケースが多いことから、発生す
るリスクに対応していくことが求められます。

製造者責任

　たとえばOEM生産のために実際に自社工場などで生産していない場
合でも製造物責任（PL：プロダクト・ライアビリティ）を追うケースもありま
す。製造者は自社の商品に欠陥などがあり、そのためにユーザーが事故
などに巻き込まれた場合、賠償責任を負わなければならないのです。越境

ECも展開している場合、その責任範囲も広くなります。PLは製造業のみならず製品の輸出入者も負うことになります。

すなわち、製造、加工、輸入などにより引き渡した製品に欠陥があり、そのために第3者の生命、あるいは身体や財産を侵害した場合にはたとえ過失がなくても賠償する責任が生じるのです。これは製造物責任法（PL法）により定められています。

もちろん賠償の負担は大きく、場合によっては以後の企業活動に多大な影響が発生することにもなります。そこでそうした企業のリスクを回避するために設けられた保険がPL保険です。

PL保険には国内PL保険と輸出PL保険の2種類があります。国内PL保険は、製造業のみならず、輸入業者も加入します。これは輸入者が製造物責任を負うケースがあるからです。

たとえ小規模な個人レベルの輸入でもPLは発生します。

ある商品に欠陥があることを知らずに輸入しても、第3者がその製品により損害を受けた場合には、被害者に対して損害賠償を行わなければならないのです。

越境ECの際の対応

越境ECで輸出した商品で海外の消費者などが損害を受けた場合を想定し、輸出生産物賠償責任保険（輸出PL保険法）に加入しておくことが望ましくなります。代行事業者や商社などを経由して越境ECによる輸出を行う場合も保険契約を結ぶことが可能です。

輸出PL保険は国内の保険会社と契約するのが一般的です。ただし、輸出先の保険会社と契約を結ぶこともあります。これは「自国保険主義」を採用し

ている国のケースです。自国保険主義とは「保険は輸入国の保険会社と保険契約を結ばなければならない」という方針をとっている国のことです。

米国などで商品の欠陥が原因で大きな事故が発生した場合などは莫大な賠償金が要求されることが少なくありません。輸出PL保険に加入しておくことで、訴訟費用、弁護士費用などをカバーすることが可能になります。商品にどのような欠陥があるかわからないことを考えると加入しておくほうが安心です。なお、加害行為がきわめて悪質な場合などに認められる高額な「懲罰的」損害賠償については免責となるのでPL保険で対応することはできなくなります。

入念な対応が求められる物流におけるクレーム対応

顧客と直接販売取引を行う関係上、たとえ物流を外部委託していても、その責任をD2C企業が負うことになります。

納品遅れ、納品ミスなどの物流についてクレームが発生した場合は、配送会社に責任を転嫁せず、すみやかに自らが顧客などに謝罪する必要があります。

そして、同じミスが再発しないように「どうしてミスがおきたのか」を調査し、対策を立てなければなりません。

物流のクレームが発生することで、顧客の信用低下、返品、緊急納品などの本来ならば必要なかった余分な経費（物流コスト）が生じることにもなります。

納品遅れや納品間違いなどが発生し、それに起因するクレームが顧客からきた場合、たんに責任者を呼び出して注意したり、迷惑をかけた先方に謝罪に行かせたりするだけではなく、「再発を防止するに

はどうすればよいか」ということ組織内でしっかりと考える必要があります。

　「クレーム処理報告書」、あるいは「物流業務・ヒヤリハット報告」を作成し、対策を立てるようにします。

　もちろん、たんに報告書を作成するだけではなく、「クレームが絶対に発生しないようにしよう」という現場の意識を高めていく努力も重要です。

クレーム処理報告書

　「どのようなミスがいつ、どこでだれによってどうして発生したか」を整理し、そのためにどのような対策を立てるか、再発防止策についても言及します。

　さらにはクレーム処理報告書は一定期間ごとに見直し、集計、分析し、作業者に再発防止策などの情報をフィードバックします。

　クレーム処理報告書にはクレームの発生した部署の責任者、担当者、顧客名、クレームの種類、クレームの概要、発生原因、クレームへの対応、今後の再発防止策などを記載します。また、可能ならば現場の画像も撮っておくとよいでしょう。

物流業務・ヒヤリハット報告書

　すでに発生してしまったクレームについて処理報告書を作成するだけではなく、「もう少しでクレームが発生するほどのミスが発生した」というニアミスの状況についても物流業務・ヒヤリハット報告書を作成し、まとめておきます。

報告書にはヒヤリハットの発生した日時、ヒヤリハットの種類と場所などの概要、発生原因、反省点、今後の再発防止策などについて書き込むようにします。

　ヒヤリハット報告書についても一定期間ごとにフィードバックを行います。

　ヒヤリハット報告書を書くことでミスを事前に防ぐ可能性が高まるほかに、実際のクレーム数が減少するという効果もあります。

配送クレームへの対応

　配送クレームとは、配送などに関するクレームで、発送品の未着や配送遅れ、汚損・破損、誤出荷・誤配送などに対するクレームの総称です。これらは自社便でない場合、配送パートナーなどのミスによるものである可能性もありますが、その場合でも顧客には反論せずに丁寧に謝罪し、あわせて外部委託先にはどのような事情でそうしたミスが発生したかを調査してもらい、再発を防止するようにします。

発送品の未着

　「注文した商品がいつになっても到着しない」という未着のクレームが寄せられたら、まずはすみやかに出荷がきちんと行われているかどうかをチェックします。物流トレーサビリティの視点からのチェック、すなわち貨物追跡システムなどにより、配送状況を確認できれば、速やかに確認します。

　そのうえで未着の発送品がいつ頃、到着するのか、あるいは紛失などの物流事故が発生していないかを確認し、顧客に迅速に知らせるようにします。

もちろん、顧客には速やかに、かつ丁寧に謝罪することはいうまでもないでしょう。

　時間指定が設定されていたものの、たとえば週末や納期前などで配送が込み合う場合には、納品が遅れる可能性が出てくるので注意します。

品物の汚損・破損

　物流上の問題が発生したために到着した品物が汚れていたり、破損したりすることがあります。貨物保険でカバーできる場合でも、顧客からのクレームがあれば状況をきちんと丁寧に説明し、丁寧に謝罪しましょう。また、補償についても相談に応じる必要があります。

誤出荷・誤配送による納品ミス

　注文と異なる商品を発送したり、配達したりしたためにクレームを受けた場合、迅速に荷受人に注文通りの商品を配送し直します。

　もちろん、荷主には「なぜそのようなミスが発生したのか」ということや「今後、どのような防止策をとっていくか」といったことも、きちんと説明しなければなりません。

　納品ミスが頻繁に生じることになれば、D2C企業の受けるダメージは計り知れません。たった一件の納品ミスでもSNSなどでネガティブな評価が拡散してしまうリスクもあります。

　伝票などに記載されている情報が納品ミスの結果、誤って競合他社などに渡り、そこから情報が漏れてしようといったリスクもあります。自社物流で納品ミスに注意するためにまず徹底させたいのは商品や納品書を指を指して確認しながら作業する「指差し呼称」です。「どうせいつもと同じだ

ろう」といった慣れが出てきてきちんとした確認が行われないとミスも発生しやすくなるのです。

また「納品遅れなどが発生しているので苦情をいっても、まったく担当者からの折り返しのメールや電話連絡がない」といったケースが生じるのは避けたいところです。

担当者などが不在の場合でも、メールでの迅速な返信や折り返しの電話をかける必要がある場合にはスタッフの誰かが可能な限り早くに連絡するようにしなければなりません。対応が遅れれば遅れるほど、先方は「誠意がない」という思いを強くします。クレームが入ったら、一刻も早く対応しなければなりません。具体的にいうと、担当者はまずは納品遅れなどについて丁寧に詫び、そのうえで経緯報告をしっかりと行うようにします。

ここで気をつけなければならないのは謝罪が先で経緯報告はあとで行うということです。この順序が逆になると相手の感情を害することもあります。もちろん必要ならば顧客先に出向き、責任者が直接、誠意をもって謝罪するようにします。D2Cならば、Zoomなどで謝罪し、善後策を相談するケースもあります。さらに同じようなミスが起こらないように、再発防止策を検討することもあわせて、はっきりと伝えるようにします。

▌顧客へのお詫びの仕方

顧客へのお詫びの手順や方法が間違っていると、どんなに誠実に対応しても、相手は「不誠実だ」、「許せない」という思いを強くし、最悪の場合

には定期購入やサブスクの打ち切りにもつながりかねません。

　クレームが発生した場合の誤った対応の最たるものとしては、「言い訳をしてしまう」ということがあげられます。

　たとえば、発送品が未着というクレームを受けた場合、「渋滞のために遅れている」とか「繁忙期で忙しい」などの言い訳は、たとえ事実であっても顧客にするべきではありません。

　「そうした事実は担当者に確認してみないとわからない」、あるいは裁判などになったケースを想定して「現状ではお詫びすることはできません」などという対応も事態を悪化させかねません。

　クレームが大きくなるケースでは、「最初にきちんと謝らなかった」「最初の対応が不愉快極まりなかった」というものが少なくありません。

　メールでの苦情が長期間無視されたままになっていたりするのも状況を悪化させる要因となります。

　さらに言えば、顧客がクレームではなく、SNSに不満を拡散させるというケースも増えています。

　ネット社会では「オネスティ性」（正直性）が重視される傾向が強く、ミスを意図的に隠したり、正直に認めなかったりすると状況がさらに悪化して「炎上」を引き起こすことも少なくありません。

　繰り返しになりますが、ミスを正直に認めて、速やかに謝罪して再発防止策を徹底するということをいち早くオウンドメディアで発信していくことが求められます。

　クレームを寄せてきた相手に共感し、「誠に申し訳ありません」という気持ちと態度を誠意をもって示す必要があります。クレームに対して、反論をしたり、間違いを指摘したりするのは控えたいところです。

クレームのなかには「まったく非がわからない」というものもあるかもしれません。心当たりがないのに相手が一方的に怒ってきたといったケースです。その場合でもとにかく相手の話を丁寧に聞くようにします。そして相手が落ち着いてきた段階で説明、対応するようにします。また、どう考えても当方に非がないとしか思えない、あるいは実行不可能なクレームを受けた場合でもまずは聞き役に徹し、必要ならば上司と対応を代わる。それでも問題が解決しないようならば顧問弁護士や警察に相談するようにします。

（図）D2Cにおける物流クレーム

項　目	対　策
未着・納品遅れ	未着の発送品がいつ頃到着するのか、あるいは紛失などの物流事故が発生していないかを確認し、顧客に迅速に知らせる
品物の汚損・破損	原因を解明し、状況をきちんと丁寧に説明する。必要ならば謝罪する。補償についても顧客と相談するようにする。
誤納品・納品ミス	迅速に顧客に注文通りの商品を配送し直す。
メール対応などへの苦情	事実関係をしっかり確認したうえで、必要ならば担当者に以後そうしたことがないように注意し、メールあるいは電話、必要に応じて直接出向いて謝罪する。

▍D2Cにおける情報リスクへの対応

　D2Cにおける情報リスクについても対策を講じておく必要があります。

　D2Cでは、顧客情報がSNSを介して漏洩するリスクがあります。インターネット上に顧客情報などが拡散してしまえば、社会的信用の低下に加えて、取引打切り、停止などにつながる恐れも出てきます。またハッカーにより在庫データの改ざんが行われれば、工場、フルフィルメントセンター、顧客を結ぶサプライチェーン全体が一時的に途絶するリスクが発生するなどの重篤な状況に陥る可能性も出てきます。

　強力なパスワードの使用を念頭に、多要素認証を実装することでアカウントへの不正アクセスは難しくなります。また機密データと非機密データを分離し、アクセス権を制御することも有効です。

　またユーザーアクセスを管理し、各ユーザーには最小限の必要な権限のみを付与するようにします。

　加えてセキュリティポリシーを策定し、定期的なデータセキュリティ監査も行います。セキュリティポリシーと手順が適切に実行されていることを確認するのです。データセキュリティに対する慎重なアプローチがきわめて重要になるのです。

Chapter 8

[第8章]

これからのD2C

　本章ではD2Cの見逃せないこれからのトレンドについて
説明します。DXの活用や持続可能性などのコンセプトの導
入などがこれからのD2Cビジネスに大きな影響を及ぼすこ
とが予想されます。

D2Cの見逃せないこれからのトレンド

(1)マイクロD2Cの増加に注目

　D2Cビジネスは小売ビジネスの中核となりつつありますが、それを受けて、今後、さらに顕著になる潮流がいくつか出てきています。

　まず、これからの新規小売ビジネスのほとんどはD2Cが前提となる可能性が高くなりそうです。

　コロナ禍をきっかけとして、実店舗を中心としたリテールビジネスは大きな打撃を受けました。そしてそのなかからD2Cというビジネスモデルが誕生し、そのマーケットが急激に拡大したのです。

　そして実店舗からネット通販への大きな流れが出来上がったともいえるでしょう。

　それゆえ、今後は「小売業を実店舗から始める」という選択は少なくなり、「化粧品でも食品でもアパレルでの新規事業ならばまずがD2Cが第一選択肢」ということになるでしょう。すなわちD2Cネイティブと呼ばれるD2C専業企業がますます増えていくことになるでしょう。

　実際、小規模な企業からD2Cを起業、展開する企業は加速度的な増加傾向を見せていて、これら企業は「マイクロD2C」と呼ばれています。

　もちろん、ECサイトの認知度が高いこと、個性的なオンリーワン商品を取り扱っていることなどが成功の必須条件となりますが、1アイテムからの小ロットでのOEM生産で自社のECサイトからのオウンドメディアやSNSで顧客と直接販売取引を行うわけですから、元手は最小限で賄えます。

　さらにいえばShopifyなどのD2Cプラットフォームを活用すれば顧客を引き付けるECサイトの構築を迅速に行うことも可能です。

したがって、今後はこれまで以上にニッチ市場に特化したマイクロD2C企業が増えることになりそうです。こ実店舗からECへの流れが中小規模のビジネスでも加速してきているのです。

　実店舗を構えて、営業していても、日々の来客に限度があるような商品でもEC中心で全国津々浦々、さらには越境ECで海外からも問い合わせが来るようならば、十分に採算が合うということになります。

　たとえば、犬猫以外のマイナーペット用品、地方などでは入手に手間取るマイナースポーツ用品、マニアックな名産品や希少性の高い食品などは工夫次第では有力なマイクロD2C商品となり得るはずです。需要はあるものの、わざわざ実店舗に出かけるのは億劫だ」といった商品は有望です。「実店舗はあるものの、ECサイトはない」という商品に関してはECサイトを構築することで一挙にコア顧客を獲得できる可能性が出てくるのです。また犬猫については、ブリーダーがインスタグラムで子犬、子猫を販売するケースも増えています。

　たんにその商品を紹介するだけではなく、詳細な取扱い方法や使い方、カスタマイズされたインストラクションなどが加わっていて、SNSで連携されていれば魅力は増幅されることになります。

（2）加速する実店舗からD2Cへの動き

　D2Cビジネスの隆盛と反比例するようなかたちで目立つのが小売店舗の元気のなさです。特にコロナ禍以降、大都市圏などでは多くの小売店舗が相次いで閉店しています。

　百貨店のビジネスモデルも大きく変化し、出店規模を極限まで絞って売れ筋商品のみを取り扱っている「ミニ百貨店」やデパ地下に特化した出店、さらにはネット百貨店などの試行錯誤を繰り返しています。

そうした流れもふまえて注目されるのが、百貨店のインストアブランドの
D2C進出です。

　百貨店のインストアとなっているハイブランドなどは近年、集客に苦し
んでいます。これまでは「週末は百貨店でアパレルを買い込んでいくのが
楽しみ」というファッション顧客が相当数、見込めました。しかし、若者の
ファッション離れなども指摘されるなか、実店舗としての百貨店はインバウ
ンド需要という追い風が出てきたものの、求心力を失いつつあります。EC
サイトでのアパレル購入が増えていくにつれて、「購入はECサイト」といっ
た消費者が増加してしまいました。

　そこで百貨店関係者が注目しているのが、D2Cブランドのインストアへ
の取り込みです。

　D2Cブランドもある一定の規模ともなれば、実店舗を必要としてきま
す。その際に代官山や裏原宿、心斎橋、三宮などに路面店を構えるのも一
策ですが、多くのブランドが集結する百貨店のインストア出店はまだまだ
相当な訴求力を発揮できます。

　百貨店側もECとの連携ということを考えるとD2Cブランドの囲い込み
はなんとしても実現しておきたいところです。

　たとえば、大丸東京店ではD2Cブランドを扱う「明日見世」を開設して
います。百貨店では商品の購入はできません。ブランドの販売はD2C企
業のサイトで行われています。なお、明日見世に対しては百貨店特有の売
上家賃はではなく、区画単位での出展料となっています。

　いわゆるショールーミングというスタイルですが、D2C企業としては在
庫管理、会計処理などの事務負担が発生しないことで接客に集中できる
というメリットもあります。

また顧客サイドから見ると、「商品をどうしても購入してほしいというような方向に誘導されないので集中して商品の品質や特徴をチェックできる」ということになります。

　ほしい商品をゆっくり見ることができて、ほしくなったらECサイトから購入すればよいわけですから、ショッピングの途中で荷物を抱え込むということもないわけです。

　また西武渋谷店でも「新業態メディア型OMOストアとして、「チューズベース　シブヤ」を開設しています。顧客は購入する商品の2次元バーコードを読み込み専用サイトのショッピングカートに登録できます。従来とは異なるタイプのD2Cブランドを取り扱うことで集客を強化していく方向です。

　D2CをECサイトを起点としたネット上だけで展開するのではなく、実店舗を巻き込んでの展開がトレンドとなりつつあるのです。

（3）D2Cと相性がよいアパレル市場の拡大

　D2Cのなかでもこれからのビジネスモデルとして注目されるのがアパレルです。これまでもアパレル系のD2C企業は数多く注目されてきました。

　アパレルではL、M、Sなどのサイズ別の商品ラインナップが必須となっていますが、より細かいフィット感を求める消費者も少なくありません。したがって、その点に目を付けたアパレルD2Cに人気が集まったわけですが、年齢層、性別、ライフスタイルなどにより購入者の志向も細かく分かれてきます。

　「これまでは自分の求めるサイズ、色、デザインなどのニーズが小さかったのでカスタマイズしてくれるアパレル企業がなかったが、D2Cにより細かい消費者ニーズに対応できるようになるならば興味がある」とか考える消費者が増えているのです。

さらに消費者はアパレルブランドにストーリーを求める傾向も強く、その点でもD2CではSNSなどを介して定期的な情報発信が可能で、多層的、多面的になります。

　またアパレルの場合、「ブラウスだけ買えばいい」「ジャケットだけほしい」といった購買目的の商品をたんに買えばいいという人よりも、「このブラウスと合うスカートはどれなのか」「日曜日に友だちと会う時にはこのジャケットでいいだろうか」といったような個人的な服に対する悩みについて、相談にのってほしいという声が多くなります。そしてこうした個人的な悩みを解決するにはSNSのような媒体がもっとも適しているともいえるのです。

　同じような悩みを抱えたユーザーから「そういうときはこのブランドの服でなんとか乗り切った」といった経験談が役に立つことが少なくないのです。消費者が似たような悩みを持つユーザーコミュニティでファッションに関する商品情報を共有することでD2Cブランドの売れ行きも伸びていくことになるのです。

　ECサイトと実店舗の併存という選択肢とも親和性が高く、OMO（オンラインとオフラインの融合）により、オンラインで購入し、実店舗で必要に応じて試着、返品・交換などを行うということが可能になるのです。さらにいえば、ユニクロ、しまむらなどのビジネスモデルとして知られるSPA（製造小売業）はアパレル業界の中核的な業態ですが、EC対応以外の面ではD2Cビジネスモデルときわめてよく似ています。したがってアパレル業界にとってはD2Cビジネスの導入に対する抵抗感は小さいといえましょう。

　そして実際、大手アパレル企業もこうしたD2Cブランドの魅力に注目し始めています。たとえば、ユナイテッドアローズはD2Cブランドとして「CITEN（シテン）」を展開しています。当初はECサイトのみの運営でしたが、現

在は実店舗も開設しています。性別に関わらず着られるユニセックスアイテムなどでD2Cブランドらしさを演出しています。また、大手アパレルメーカーのワールドも婦人靴のD2Cブランド「gauge（ゲージ）」を展開する神戸レザークロスを傘下に収めています。

　アパレル業界全体がD2Cビジネスに大きく舵を取っているといえるでしょう。

DXとのリンクで効率性が大きく向上

　D2Cの基本スキームがオンライン上で完結することから、デジタルマーケティングを起点としたDXとのリンクが今後、ますます強まってくる可能性があります。

　なかでも広告の方針や意義、戦略は大きな変化を遂げました。「広告のデジタル化」により集客戦略が進化することになったのです。

　実際、実店舗でのセールなど向けの広告というと、マス広告などの旧媒体からの発信がメインになりますが、「広告効果がどれくらいなのか」「どのような年齢層が注目したのか」といったことはわかりません。

　しかし、D2C独自のオウンドメディア、グーグルなどのペイドメディア、SNSによるアーンドメディアなどによるデジタル広告の登場で集客戦略は一変しました。

　というのは、デジタル広告を駆使すれば、D2Cのターゲットオーディエンスとなるニッチ市場の消費者にもピンポイントで商品を売り込めからです。

　D2C企業はモバイルファーストの顧客が商品を認知し、興味を持ち、検討などを経て、購入し、購入後もD2Cと継続的な関係を維持していくとい

うマーケティングファネルを設計します。そしてのマーケティングファネルに沿って、メディアバイイング（広告枠仕入れ）を行います。

DX時代のデジタル広告の選択肢はきわめて豊富です。

たとえば検索エンジンの結果と連動しているサーチ広告、サイトやアプリ上に現れるディスプレイ広告、動画広告、SNS広告などがあります。

これらの広告を組み合わせて最適化していくわけですが、トレーディングディスクと呼ばれるデジタル広告の代行サービスを活用するという選択肢もあります。トレーディングディスクに媒体選定から配信戦略、データ分析などをすべて委託してしまうのです。

デジタル広告戦略の展開のうえでとくに重要視されるのがCRV（コンバージョン率）ということになると思いますが、CRVを最適化させる手法をCRO（コンバージョン率最適化）といいます。

CROでは旧媒体では定性的なユーザー調査くらいしかできなかった分析手法に訪問者数とクリック数の割合、クリック数と成約数の割合などの定量的なデータをベイズ統計などの最新の統計セオリーもふまえた分析などが可能です。ランディングページ最適化（LPO）やエントリーフォーム（EPO）最適化なども行います。

このようにD2Cビジネスモデルではデジタル広告の多彩な選択肢を用いて、顧客分析を多面的、多層的に展開し、常にPDCAを繰り返していくことで販売促進効果を高めていくことが可能になるのです。

この傾向が今後、さらに強化されていく可能性がきわめて高いといえましょう。デジタル広告戦略がさらに緻密になっていく流れのなかでD2Cにおける販売の精度も向上していくことになるのです。

持続可能な世界を味方につけたD2C戦略

　D2Cの商品開発において、持続可能な商品群をいかに取り扱っていくかということが大きなカギを握るようになってきています。

　さらにいえばたんに環境にやさしい商品を提供していくというのではなく、グリーンサプライチェーンを構築し、生産、流通、販売の一連のプロセスにおいて、「いかに環境に配慮した管理を行っているか」ということを透明化し、それを顧客にアピールし、共感を得る必要が出てきています。

　すなわちサプライチェーンの設計、調達、生産、動脈物流、静脈物流の各プロセスでどのように環境負荷を低減させているかということを顧客に納得してもらうようにするのです。

　まず調達段階から環境を意識した「グリーン調達」が行います。グリーン調達はリサイクルしやすい素材やムダな包装・梱包を回避する調達方針のもとに進められます。廃棄物が減れば在庫負担も軽減されるというメリットもあります。

　次に生産段階では「ゴミゼロ工場」を実現させる。ゴミゼロ工場では100％の廃棄物のリサイクルを目指します。グリーンマネジメントを徹底して、工場からゴミを発生させない方針を打ち出しているOEM工場と提携します。

　そして環境情報の共有化をオウンドメディアやSNSで推進し、輸送の段階でもアイドリングストップなどを順守します。

　顧客にも商品の回収や廃棄に関する情報をSNSなどで共有する「グリーンコンシューマー」となってもらいます。

　同時に顧客に配慮した返品、リサイクル、リユースなども充実させることによって、グリーン化を徹底します。修理（リペア）も循環型システムの重要

性がますます高まってきています。

　なお、商品設計の段階では「デザイン・フォー・グリーンロジスティクス」の導入を顧客にアピールし、実践することも有力な選択肢になっています。

　デザイン・フォー・グリーンロジスティクスとは、環境にやさしい物流プロセスに適合できるようにデザインの段階で工夫をすることです。

　たとえば、アパレル商品が化学繊維と天然繊維が交じり合っている混紡ならば、廃棄の際の分別に時間と手間がかかることになります。そこで天然繊維のみ、あるいは特定の化学繊維のみでデザインすれば、廃棄に際しても分別の手間が省けることになります。

　あるいは、木製の部材と金属の部材がしっかりと接合されていれば、別々に廃棄することは難しくなりますが、あらかじめ、「木製部と金属部との切り離しが容易」というかたちで設計されていれば分別して廃棄することが可能になります。

　こうした工夫はこれまでも行われてきた商品もありますが、「生産に手間がかかる」という理由で従来は見過ごされていた商品もあるでしょう。

　顧客の声を取り入れながら、そうした「分別可能な商品」というだけでもまだまだかなりのマーケットが見込めるのです。

　また、持続可能性と並んで大きなトレンドとなっているのが、フェアトレードの考え方です。

　たとえば発展途上国などで貧困層にきわめて低い賃金や劣悪な環境で作業させ、多大な利益を得ているような商品に対して、意識の高い消費者が反発、非難する傾向を強めています。

　この流れを受けて、D2Cでも「適切な作業環境で適切な賃金で作業さ

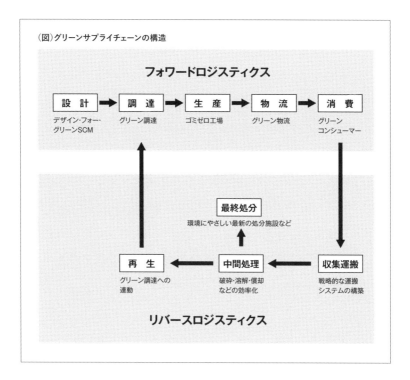

（図）グリーンサプライチェーンの構造

フォワードロジスティクス

| 設 計 | → | 調 達 | → | 生 産 | → | 物 流 | → | 消 費 |

デザイン・フォー・　　グリーン調達　　　ゴミゼロ工場　　　グリーン物流　　　グリーン
グリーンSCM　　　　　　　　　　　　　　　　　　　　　　　　　　　　　　　　　　　コンシューマー

最終処分

環境にやさしい最新の処分施設など

| 再 生 | ← | 中間処理 | ← | 収集運搬 |

グリーン調達への　　　　破砕・溶解・償却　　　戦略的な運搬
連動　　　　　　　　　　などの効率化　　　　　システムの構築

リバースロジスティクス

せているか」「物流コストを強制的にディスカウントさせているようなこと
はないか」「未成年に重労働を課していないか」といったことにこだわる消
費社会が出来上がりつつあるといえましょう。さらにいえば動物実験に反
対する動物福祉に賛成する声も増えています。

　しかし、これまで日本ではフェアトレード関連の商品の売れ行きは決し
て好調とはいえませんでした。

　その大きな理由としては「フェアトレードで商品を提供しようとすると企
業はコストアップに苦しめられることになる」ということからでした。

　けれどもD2Cビジネスモデルのさらなる拡大で状況が変化してくる可
能性は十分にあります。

というのは、こうした議論はSNS向きといえ、Xで紹介されたり、YouTubeで詳しい解説が行われるようになると、D2C企業はダイレクトにターゲットオーディエンスに商品を訴求できるようになったのです。

　実際、フェアトレードや動物福祉などのトピックはSNS上で盛り上がる傾向が強く、SNSが充実するにつれ、関連オーディエンスも増加傾向してきた経緯があります。

　D2Cビジネスが個々の顧客の特性や個性、バックグラウンドに応じてカスタマイズし、LTVを緻密にはじき出して、コストパフォーマンスを整合させていくならば、ニッチ市場のフェアトレードも動物福祉も、魅力ある市場、成長性のある商品として次世代に注目を集める可能性は相当に高いといえましょう。

結びに代えて

―D2Cが小売業態の標準モデルになる日―

　D2Cは流通プロセスを効率化し、消費者・顧客に関するデータ収集・分析を容易にするという大きなメリットがあります。

　小売業が実店舗を設けると家賃などの固定費や店頭向けの在庫、販売スタッフなど、相当な開業資金も必要となります。

　しかし、D2Cの場合はサイト構築や商品開発などにコストはかかるものの、家賃や販売スタッフなどの人件費はかかりません。

　米国ではECの普及で多くの小売店舗やショッピングモールが閉鎖されていくなかで、オウンドメディアやSNSが集客や顧客サービスで大きな役割を担うD2Cに業態がシフトしていきました。

　そしてその流れは日本でも大きくなってきています。D2Cが小売ビジネスモデルの標準的なプロトタイプとなる日も遠くないといえましょう。

　もっとも、D2Cの進化がそれで止まるというわけではないはずです。

　デジタル化の流れのなかで、より緻密なデータの分析ときめ細かい顧客サービスの実践で、さらなる進化を遂げるのは間違いないでしょう。そしてその潮流をしっかりと掴んでいくこともきわめて重要となるわけです。

　小売流通がこれまでの実店舗中心からD2Cへ、インスタグラムなどのSNSの役割がますます大きくなっていくことは間違いのないことなのです。

鈴木邦成（すずき・くにのり）

物流エコノミスト、日本大学教授（在庫・物流管理など担当）。博士（工学）（日本大学）。

早稲田大学大学院修士課程修了。日本ロジスティクスシステム学会理事、日本SCM協会専務理事、日本物流不動産学研究所アカデミックチェア。ユーピーアールの社外監査役も務める。日本物流学会、日本不動産学会会員。電気通信大学などの非常勤講師(経済学)も歴任。物流不動産ビジネスの草創期から学術、実務の双方の視点から主要企業の動向を継続的にウォッチしてきた。専門は、物流・ロジスティクス工学、物流不動産。

主な著書に『シン・物流革命』(幻冬舎)、『トコトンやさしいSCMの本』(日刊工業新聞社)、『すぐわかる物流不動産』(公益社団法人日本不動産学会著作賞受賞、白桃書房) など多数。

mail : info@nihonscm.or.jp

最強のＤ２Ｃ ～自社製品を直接売る─絶対に儲かるeコマース～

2024年7月16日　　初版発行

著　者	鈴	木	邦	成
発行者	和	田	智	明
発行所	株式会社	ぱ	る	出	版

〒160-0011　　東京都新宿区若葉1-9-16
03(3353)2835─代表
03(3353)2826─FAX
印刷・製本　中央精版印刷(株)
本書籍に関するお問い合わせ、ご連絡は下記にて承ります。
https://www.pal-pub.jp/contact

ISBN978-4-8272-1450-5　C0034